JN124560

考える野球 2
家練マニュアル

考える野球2 目次
家練マニュアル

第1章 家練とは

第2章 攻撃

打撃

走塁

第3章 守備

投手

捕手

内野手・外野手

第4章 心と体

心 メンタル強化

体 体力強化

はじめに

2004年甲子園初優勝、翌年連覇、準優勝という輝かしい結果を残したのが駒大苫小牧高校です。甲子園大会86回目にして初めて北海道のチームが優勝しました。3年連続の成果の後に書いたのが、私の初著書『考える野球』です。北海道のチームが甲子園で優勝するのは絶対に無理といわれてきました。それを覆した考え方や物事の捉え方を書いた1冊です。

駒大苫小牧高校だけではなく、全国のチームサポートをして甲子園成績は春夏を合わせ22勝6敗1分という成績を残しています。何も考えずにプレーすれば、技術能力が高いチーム（選手）が勝ちます。しかし、工夫をして考えることで弱者が強者に勝てるのが野球です。高校時代は平凡な選手だった私が、最終的には社会人野球で16年間プレーして大きな成果を残しました。当時駒苫に伝えたこと、現在もチーム指導で選手に伝えていることは、すべて自分が現役選手時代に行ってきたことです。

何年も野球の指導をしてきて、「どうしたら選手は大きく成長するのか」をいつも考えています。私が歩んできた時間を紐解いていけば「これをしたら」というものがあります。

自分では成長をなかなか感じることができませんが、できなかったことができるようになり、試合で結果を残せるようになると、「成長したかな」と思うことでしょう。

チームで自分のポジションを獲得していない選手は、ライバルを追い抜こうと練習をします。主力選手は、ライバルチームに勝とうと練習をします。しかし、現実は自分が思い描く結果を残すことができずに、控え選手、強豪チームに勝てないままでいる選手がたくさんいます。

どうすれば自分の殻を破って、もう一歩前進できるのか…。

状況によって、チームとしての練習ができないときがあります。新型コロナウイルスの影響で全国のチームが活動自粛、練習制限を強いられました。学校によっては下校時間が厳しく決められ、合同練習の時間が短いチームもあります。寒い地域では、積雪により屋外で球を使っての練習ができない期間もあります。

たくさんの選手を指導してきて、チーム練習よりも個人練習の方が確実にうまくなると感じます。個人練習とは、チーム練習が終わったあとにグラウンドで居残りをしてする練習ではなく、自宅に戻ってから一人でする練習を言います。

「家で練習しているか？」

ハイという答えを期待して選手に聞くのですが、意外な言葉が返ってきます。

「たまにします」「いいえ、しません」

現役時代は、誰から言われることなく、「うまくなりたい」「勝ちたい」という気持ちで毎日のように練習をしてきた自分がいます。しかし、今の選手たちは口では「勝ちたい」と言いながら、家で個人練習をしていないのには驚きます。

家で練習をしている選手に対して「何をしているの？」と聞くと、「バットスイング」「シャドーピッチング」と答えます。大抵はこれだけです。

何を意識しているかを詳しく聞けば、何も考えずにひたすらバットとタオルを振っているような感じです。

自宅で行う個人練習を、私は【家練（いえれん）】と名付けました。家で行う練習を充実させることで、大きく成長することができます。家練のやり方を知ると、練習が今まで以上に楽しくなり「もっとやりたい」「こんな工夫もしてみようかな」と意欲がわいてきます。

本番で結果が残せるようになる家練とは…。
何を意識して、どう具体的に動けばよいのか…。

考え、工夫することで、練習の質は大きく変わります。今まで「あと一歩」でうまくいかなかった選手にとって、自分の殻を打ち破ってレベルアップできる一冊になればと願います。

第１章　家練とは

なぜ家練なのか

チームでは、全員が同じ練習をします。主力と控えによって数に違いはありますが、大抵は全員が同じです。

同じ練習をしていれば、主力・控えともに同じように成長します。差は縮まることなく、いつになっても控えは控えのままです。チーム練習では選手間の差を広げたり縮めたりできないと思った方がよいでしょう。

こそっと家練をすることで、控え選手は主力との差を縮められるかもしれません。

グラウンドでは強制的にやらされている意識になりがちですが、こそっと家練は、誰もいないところでの練習なのでチーム練習よりも「自分でやっている」という感覚になります。

指導者に言われたことを、何も考えずにやっているだけ。なぜそれをするのか、やる意味を考えることなくプレーしている選手がいます。ミスをしたら怒られる、失敗しないように動いているだけで結果しか考えていません。

家練では「やらされる」ではなく、「やる」という意識です。たとえ指導者に「やれ」と言われていたとしても、最終的には自分の意思で「やる」練習が家練です。

うまくなりたいからやる
勝ちたいからやる

やらされている練習は、長続きしません。やり始めて何日かすれば、「今日は疲れているから」「忙しいから」など言い訳を自分の中で作ってやめていきます。

自分で目的意識を持って行う家練は、誰かの指示でやる練習ではないので続きます。急かされることなく自分のリズムで動けるので、考えながらできるのもよい点です。

おっ、これを意識するといいね
これをやってみようかな

誰からも指示されることのない家練は、内容も時間も自分で決めることができます。そのなかで、オリジナルな「コツ」を発見するかもしれません。自分の中で「こうすればうまくいく」という方程式が見つかるかもしれません。

家練で気をつけることは、「何となくやらない」です。たくさんスイングしても、何となくやっていたのでは、試合で打てる打者になれません。せっかくの成長できる時間を、無意味にしてはいけません。

家練を内容の濃いものにすることで、様々な力が身につくようになります。どんな力が身についていくのか考えてみましょう。

家練で身につく力

① 精神力

チーム練習では、指導者が近くにいるので、選手は見られている感覚があります。ちょっと楽をしようかなと思っても、指導者の目があるので気を抜けません。

見ているからやる

この感覚があるうちには「やらされている」状態です。家練は、誰も見ていないところでの積み重ねになるので、自分との闘いになります。楽をしたい自分、休みたい自分、妥協したい自分に勝てるかどうかが問題です。

見ていなくてもやる

短い時間でも毎日やることで自信がついてきます。誰も知らないところで練習する自分、自分が自分のためだけに動く時間です。

質の高い家練を続けていくことで、心の奥底で自信が芽生えます。自信を持ってチーム練習をすると余裕のあるプレーができます。余裕を持ちながら動けば、ミスは減るものです。どんなに技術力があっても、精神的に弱ければプレッシャーがかかる本番では動けません。練習試合ではうまくいくけど、公式戦（本番）では動けない選手が多いですが、家練をすることで大事な試合でも動じない自分に近づいていきます。

② 気づき力

チーム練習では、次々といろいろな種目をしなければいけないので惰性で動くこともあります。ミスをしても、ミスの原因を細かく考えることなく次のプレーをしてしまいます。修正することなく「次」をするのですから、同じミスを繰り返します。何度かプレーすればできるようになりますが、感覚だけを頼りにしているので本当に身についたわけではありません。

ミスには理由（原因）が必ずあります

うまくいくために、まずは自分ができない理由を理解することです。修正ポイントを知れば、うまくいくコツを考えながらプレーできます。野球は相手があるスポーツですから、当然うまくいったりいかなかったりしますが、できる確率は高くなります。

チーム練習でうまくいかなかったことを家練でじっくりやってみると、「あれ、ここが悪かったのかな」と気がつくこともあるでしょう。自分のペースで考えて動けるのは、家練のよいところです。ひとりでやるので、誰からも急かされません。冷静になって、原因を探ることができます。**考えながら家練をすることで**気づき力はアップします。気づき力が上がれば、チーム練習で即座にミスを修正することも可能になります。

③ 技術力

チームでの技術練習は、限られた時間内で、自分以外の仲間もプレーします。守備練習では、自分が捕球する回数は少ないものです。試合でセカンド、ショート、サードがランニングスローをする機会があります。でも、苦手な選手が多いです。シートノックでランニングスローの打球を練習できる機会は、一日に何度あるでしょうか。

練習する機会が少ないのですから、苦手な選手が多いのはうなずけます。家練では、チーム練習で滅多にしないレアな動きも球を使わずにできます。

できなかったプレーも家で繰り返し練習をして動きのコツが分かったら、チーム練習でミスの確率が低くなります。

オーケストラの演奏者は、それぞれの楽器で自分のパートを個人練習します。各自練習したうえで、全体練習で合わせるのです。自分のパートができないのに、合同練習でできるようになろうとする人はいません。

野球も同じです。家練で自分の技術を磨いて、チーム練習でそれを試すのです。試してうまくいかなければ、また家練で「こうかな」と修正します。技術を磨くところはチーム練習ではなく、家での練習です。

球場でなくても、動作を切り出して練習すれば技術の習得は可能です。広い空間がなければ野球はできないと思い込んでいると思いますが、ある程度の技術向上は、家の中でも外でも、ちょっとした空間があればできます。

連携プレーなどのタイミングはチーム練習でしかできませんが、動きだけ考えると6-4-3のダブルプレーで、セカンドはショートから送球をもらってファーストに投げるだけです。ショートからの送球は投げやすい胸にくることもありますが、逸れることもあります。

様々なパターンをやることで、ミスの少ない「できる選手」になります。技術力を上げるのは、家練です。球を使わなくても上達することは可能なのです。

④ 想像力

球を使わない家練は、イメージ力が大切になります。野球で活躍するためには、**ちょっと前**と、**ちょっと先**を想像することが求められます。

ちょっと前の想像とは、敵がこうしてくる、仲間がこうしてくるという予測することです。そうすることで、動きの精度は高まります。チーム指導で、仲間のミスをカバーできない選手に「何を考えていた？」と聞くと、ミスの原因に気がつきます。

例えば、6-4-3のダブルプレーでショートの送球が少し逸れたとき、対応できないセカンドの選手がいます。技術力が低いわけではなく、十分カバーできる能力があるのにうまくいかないのです。

「胸に送球がくると思っていました」

キャッチボールで「相手の胸に投げる」ことを反復しているので、投げてくる選手を信じる気持ちは分かります。基本どおりに相手が投げてくれれば良いのですが、試合では理想通りにはきてくれません。

ちょっと前を想像するときに、（GOOD・BAD）この両方をイメージしておくのが「できる選手」です。自分にとってやりやすいプレーなら「うんうん」、やりづらいプレーをされたときに「だよね」と動きます。両方をイメージしておくことで、ミスが起きやすいプレーにも反応がよくなります。

力を出し切れない選手をみていると、「ちょっと前」を自分に都合よく考えている傾向があるのです。
家練では、「ちょっと前」を想像して、自分がしたい「ちょっと先」を考えます。敵がこうしてくる、仲間がこうしてくるという動きを考えながら、自分がこうしたいと考えるのです。

相手投手が、「どんな球を投げてくるのか」を想像します。大胆にストレートを投げてくるのか、かわしの変化球でくるのか。相手心理を考えることで、これからしてくることを読むことができます。

こうしてくるだろうから、自分はこの準備をして待とう

考えて家練することで、試合で活躍するための想像力が身につきます。

⑤ 自立力

言われたことができるようになるのは当たり前です。それで満足していてはいけません。言われたことができるようになるのは一歩目で、そこからが本当の勝負です。
社会に出れば、自分で考えて、判断し、決断して、動けるようになることが理想です。学生のうちに、様々な経験をして自分で動けるようになりたいものです。
親元にいれば、お父さんお母さんが何でもやってくれます。保護者に甘えていては、弱くなるばかりです。

家練は自分の意思で行動します

自分にとって必要だと思うことは、「言われる前」に考えて行動すべきです。

誰でもいつかは自分の足で生きていかなければいけません。家練は甘えのある自分を一人前に変えてくれる時間です。

やり方

広いスペースではなく、狭い空間での練習が家練の基本になります。チーム練習でどんなに疲れていても、少しの時間でも家練は実施します。自分の状態（状況・課題）によって、家練時間は変わると思いますが、毎日行うことが重要です。

ポイントは３つあります。

① やるタイミングを決める

空いている時間にやろうと思えば、忘れることもあります。家に帰ってから寝るまでに、お風呂、食事、勉強、家のお手伝い、洗濯、野球道具の整備、やることはたくさんあります。翌日、学校に行くまでの朝も含めて、家練をどのタイミングでやるのか決めることが大事です。

時間やタイミングを決めることで、継続率はアップします。

毎日同じ時間に家練ができる環境であれば、スタート時間を設定します。帰宅時間が一定じゃなければ、何かの後、何かの前というようにタイミングを決めます。

例えば、

19:30　帰宅・家練
20:00　夕食
21:00　洗濯・風呂・柔軟体操
22:00　勉強
22:30　野球道具整備
23:00　お手伝い・整理整頓・翌日準備
23:30　就寝

06:30　起床・散歩
06:45　体幹トレーニング
07:00　朝食
07:45　登校

この選手は、帰宅後すぐに30分間の家練をしています。19時半に帰れないときもありますが、帰宅後にすぐ行うことを決めています。技術的なことは夜に、トレーニング的なことは朝に行います。起きる時間はいつも同じなので、起きてから少し体を動かして体幹トレーニングをします。

やる時間やタイミングを決めることで、続ける環境を作ります。継続の最大の秘訣は、自分に負けないという気合いです。家でやる様々なことの中でも、家練の優先順位を上げることです。**絶対やるという強い決意**が重要です。

② 球を使わない

広い空間ではできないので、球は使いません。イメージの中で球を意識するのです。

守備であれば、球が転がってくるのをイメージしながら捕球練習をします。打撃であれば、投手が投げてきた球をイメージしてスイングします。

③ 本番感覚

試合を意識しながら動くことが重要です。打撃練習でスイングするときには、単純に右投げ左投げだけではなく、「●●チームの●●投手」というように、具体的に誰の球を打つのかまでイメージして練習します。本番をイメージするために、カウント設定、走者状況設定、「●●球場」という場所設定など、より具体的に場面の想定をしてください。

練習と本番の大きな違いは、「次」がないことです。練習でミスをしても「もう一度」とチャンスはありますが、本番である試合では、やり直しはありません。

プレッシャーなき練習を積み重ねても、本番では通用しません。本番では「負けたら終わり」「ミスをしたら終了」というプレッシャーが必ずあります。プレッシャーに強くなるためには、普段から自分にプレッシャーをかけて練習をすることです。

この一球！！

状況設定をして、公式戦のように練習するのが家練です。数をこなすような練習ではなく、家でも「試合」をするのです。

時間がないときには、たとえ３分でも集中した濃い内容にすればよいと思います。重要なのは、時間ではなく**内容（質）**なのです。

次は、具体的な家練とは何なのか。各分野で実際のやり方を説明していきたいと思います。短い時間で…と思っていた人も、内容を知ると「あれも」「これも」となるでしょう。家練だけで意識するのではなく、チーム練習でも同じように意識して動けば成長するスピードは早くなります。まずは知ること。そしてやってみることです！

第2章 攻撃

打撃

実戦をイメージしないスイングは無意味です。試合で結果を残すために練習をしているのに、練習のための練習をしても意味がありません。

まずは、本番で結果を残せる打者として、大事な５つのキーワードをお知らせします。考え方が変われば、やるべきことも変わります。自分の理想を明確にして、「こうなる」という目標を定めることは大事です。

今からお伝えすることは、私が社会人野球時代に実践してきたこと、選手・チーム指導で伝えて実践してきたものです。特定の選手しかできない考え方ではなく、私のような凡人でもできたことです。

家練をやる前に、「なぜダメなのか」「なぜ良いのか」を頭で理解してください。今まで取り組んできたことが間違いだと気がつくかもしれません。大事なのは、違うと思ったら素直に修正して、思い切って変えてみることです。

どんなやり方でも、相手投手が二線級であれば何とかなります。しかし、レベルが上がってエース級になれば、状況は一変します。相手のレベルが上がれば、自分もレベルを上げないとうまくいきません。

練習試合で二番手以降の投手をガンガン打っていても、公式戦ではエースと対戦します。相手が強豪であれば全国レベルの投手もいます。

５つのエントモの考え方を理解し、エース級投手と対等に勝負できる打者に近づいて欲しいと思います。

〈打撃〉考え方 ① アッパーよりもスピン

プロ野球でアッパースイングの選手はいます。しかし、それで成功している打者は全体の何割でしょうか。プロ野球のキャンプを見に行くことも多いですが、アッパーの選手は数人しかいません。その打者がチームの中心人物で目立っているので、アッパースイングがキラキラして見えますが万人には難しい技術です。

打者にとって本塁打を放つことは一番気持ちの良いことです。スパーンと打ってスタンドに吸い込まれる打球。一度打ったことがあれば忘れられない感触です。

しかし、経験者は分かると思いますが、本塁打を打った後、大きなスランプに陥ったことはないでしょうか。それは長打でも同じです。飛ばすという魔力にかかってしまい、自分のスイングを乱したことがある選手は多いと思います。

プロ野球選手の中には、すべて本塁打を狙っている打者もいます。本塁打を狙って失敗したのがヒット、その考えを否定するつもりはありませんが、アマチュア打者が年間で練習試合を含めて何本本塁打を打てるのでしょうか。

ドラフトに名前があがるような高校生スラッガーで、高校通算30本、超高校級になれば50本以上本塁打を打っている選手はいます。しかし、高校通算ということは、高校在籍中の２年とか２年半での合算です。

つまり通算30本で、本塁打は年間10本～15本程度かもしれません。指導者としては、何十試合に１本打つかどうかという本塁打を常に目指されても困ります。

選手を起用して任せる立場からすると、たまにしか出ない一発長打を狙ってムラがある選手よりも、ヒットを重ねて打率のよい打者がチームにたくさんいて欲しいと思います。確率のよい打者が、ヒットの延長線で長打をたまに打てるような感じであれば最高です。

0か100のような打者は起用しづらく、公式戦最後の夏に、100打席で1本出る本塁打を期待する…という指導者はいません。1%のことよりも、3割(30%)について日々考えて、確率を少しでも上げるほうが**チーム貢献**になります。

アッパースイングで飛ばそうとすることのデメリットをまとめてみましょう。

① 力んで上半身で振る

飛ばそうという気持ちが、上半身に現れます。飛ばそうとしている打者を見ていると、トップの状態でグリップをかなり強く握っています。トップで力が入り過ぎると、バットの始動が遅れてインパクトで差し込まれることがあります。

打者にとって力みは、一番のマイナス要因です

動きをスムーズにするためには、力の抜きどころと入れどころが重要です。トップでは柔らかくリラックスをして、バットを動かすときに力を入れるのがベストです。飛ばそうとして、トップで待っているときに力んではすべてが台無しになります。

二線級投手に、やや強引に振っても結果が出ることがありますが、エース級投手には振り遅れて撃沈するだけです。

② ひっかけ、引っ張りの打球

アッパースイングだと力みからズレが生じます。右打者であれば、インパクトで左脇が空いてヘッド（バットの先端）が下がります。アッパー打者の最大の特徴は、打球がドライブ軌道になることです。

エース級投手に凡打を重ねるパターンは、私の『考える打撃ノート』（※注1）に書かれている「ひっかけ・引っ張り打球」です。打者として引っ張った方が爽快でしょうが、結果を残す確率は低くなります。

好投手に負けた試合を分析すると、引っ張り方向の凡打が多いものです。アッパースイングは、アウトコースに遠ざかる変化球をひっかける傾向にあります。バットの軌道がドアスイングになりやすいので、逆方向には押し込めません。

考えて野球をする守備陣は、アッパースイング打者に対して、タイミングがずれて三遊間にラッキーヒットが行くこともあるのを想定して、三遊間を狭くします。

ただでさえ確率が低いのに、もっと低くなる…。私がサポートしているチームにアッパースイング打者がいれば、必ずデメリットを話します。「何でしているの？」と聞けば、「何となく、好きなプロ野球選手がやっているから」「普通の打ち方でダメなので、アッパーにしてみた」など、意外に大した理由がありません。

デメリットを知らないで取り組んでいる打者がたくさんいるのです。

③ ボール球を振る

飛ばそうとしている打者の特徴は、トップの状態で力んでいます。力を過剰に入れているので、投手の球に対してスウェイします。スウェイとは、打者の中心軸が投手寄りへ急激に流れていくことをいいます。右打者の場合、踏み出す左足に重心がかかりすぎてスイングした後に軸足がずれる選手もいます。

体が前に流れるのですから、インパクトは前合わせになりやすく、トップの形は浅めになります。前でさばこうとするあまりに、ボール球の見極めができません。**どんな好打者でもボール球をスイングしているようでは、確率を下げます。**相手投手は、ボール球をスイングしてくれるのはラッキーで助かります。

アッパースイングの打者が一度差し込まれると、詰まりたくないと思い、もっと前合わせで始動が早くなります。前合わせの感覚が強ければ強いほど、ボール球をスイングする悪循環に陥ります。

たくさんの打者を今まで見てきましたが、アッパースイングの打者は「ボールの見極めが悪い」傾向がかなり強くあります。アッパースイングじゃなくても、飛ばそうと心の中で考えている打者も同じです。

打者が飛ばそうと思うと様々なマイナス点が出てくるのです。

<スピン系のメリット>

スピン系は、球に対して上から下にバットを出してスピンをかける打ち方です。大根切りほど上からではありませんが、トップの位置は肩よりも上で顔の横ぐらいにあるのが望ましいです。

トップの位置からインパクトまで緩やかにダウンしていきます。右打者であれば、インパクト後は左脇が空かずに閉まったようなフィニッシュになります。

スピン系は、どこに飛んでも球がドライブ回転することはありません。インパクトでタイミングを合わせることができれば、**速いゴロを打つ**ことも可能です。トップの形（『考える打撃ノート』３・４・５ページ参照、図解あり）を安定させれば、**逆方向に押し込む強い打球**も打てるようになります。

〈打撃〉考え方 ② スイングの速さよりタイミング重視

スイングスピードを計測するチームがあります。スイングスピードを重視しているチームの打者を見ていると、「ちょっと違うな」といつも感じます。スイングが速ければ遠くに飛ぶ、様々な変化球に対して有利に働くということは分かります。しかし、メリット以上にデメリットが大きく、スイングスピードを追うべきではないと私は思います。

先程のアッパースイングのデメリットと同じように、スイングスピードを速くしようと思えば力んで上半身優位になります。チームで速さを計測して、「速ければよい打者」という選手間の空気になりますが、それは違います。

速さを追えば追うほど、結果を残せる打者に必要な「間（ま）」を軽く考えます。いくらスイングが速くても、タイミングが合わせられなければ結果を残せません。スイングスピード選手権があれば優勝できるかもしれませんが、野球は試合で得点が多い方が勝つのです。

トップでの「間」は、タイミングを合わせるときに重要になります。様々な投手のタイプ、球種に対して「自分の間」を作りながら柔らかく待てる打者がタイミングを合わせられるのです。

もちろんスイングスピードは、ないよりもある方がよいと思います。しかし、それを最優先して取り組むことでデメリットが出てくるのです。

正しいトップの形で脱力して間を作り、スウェイすることなくグリップ先行で振りにいって、インパクトで最大のスピードで球をとらえるようなイメージを持てば、自然に速く振れます。

打者はバットで球を打つという動作の中で、「球に合わせる動き」を無意識に行います。タイミングが合えば、スイングスピードも上がります。合わなければ、合わせようとする動きになりスピードは落ちます。

社会人野球時代、160センチで普通体型の先輩がいました。どうみても飛ばすようには見えません。しかし、ノンプロで三番を任され、大事なときにバンバン本塁打を打っていました。特別、力があるわけでもなく、スイングスピードが速いわけでもありません。しかしタイミングを合わせるのがとてもうまい打者でした。

自分の力で飛ばそうとしている人もいれば、相手の力を利用して飛ばす人もいます。自分の力でと思っている打者は力を入れて振ろうとしますが、相手の力を利用して跳ね返すイメージの打者は脱力して構え、インパクトで出し切るようなスイングをします。

力んでいないので、インパクトのズレは最小限でミスショットが少ないです。よって、結果的に安定した成果が出るのです。

「とにかくフルスイングしなさい」

この言葉を使う指導者がいますが、自身の選手経験が乏しい人が使う言葉です。

フルスイングをしようと思って振るのか
結果的にフルスイングになるのか

この違いは天と地ほどの差があります。大事なことなのでもう一度言いますが、やるべきことを積み重ねた結果、フルスイングという形になるのがベストです。

・自分のリズムで合わせられる「間」
・脱力して待って、インパクトで爆発する「力のメリハリ」

タイミングが合わせられたときにフルスイングになります。何も考えずにフルスイング（強く振る）しても、タイミングが合わせられなければ「ただ振っているだけ」となるのです。

選手も、指導者も、強く振らなければ飛ばないという考え方を改めなければいけません。タイミングをうまく合わせられる打者になってから、「もう少し強く振ろう」であれば分かりますが、大事なことに目を向けないでスイングの速さを求めるのは成果から遠ざかるのです。

どんな体格でも、タイミングを合わせられる打者になれば、チームとしても得点の確率がアップします。イチかバチかではなく、安定して強いインパクトができる打者を目指すべきです。

私が言いたいのは、「飛ばすな」ということではなく、やるべきことをしっかりやれば「結果的に飛ぶ」ということです。野球は個人競技ではなく、チーム競技です。遠くへ飛ばせば優勝ではないのです。

派手さはないけど、チームにとって必要な選手。決めて欲しいときに決められる打者になるためには、安定してタイミングを合わせられるようにするのが近道です。

〈打撃〉考え方 ③ エース級を打つ

「こんな打ち方で大丈夫かな」

どういう投手に対し打って、どんな投手が打てないのかを聞けば打ち方は嘘をつかないことが分かります。確率を下げる打ち方をしていると、二線級投手は何とかなってもエース級はまったく歯が立ちません。

相手より自分の方が力量上位であれば、少々強引に振っても結果が出ることがあります。ちょっと結果が出れば「これでいいのだ」と考えがちです。エース級と対戦する機会が少ない打者は、上には通用しない打ち方をしていることに気がつきません。公式戦で強豪チームのエースと対戦して、「えっ、ダメじゃん」と思いますが、それでは後の祭りです。

小さな成功を収めて「これでいい」と思うことを【小成功病】と言います。そこそこの投手を打って満足していると、自分の成長を止めることになります。

ある打者が、練習試合で二線級投手に猛打賞でした。しかし、内容がイマイチだったので彼に問いかけました。

「強豪チームのエース級が相手だったら、今日の打撃は通用したか？」

「トップの間はバラバラ、軽くスウェイしていたし、ヒットにはなりましたがボール球をスイングしていました。エース級なら結果が出ていないと思います」

練習試合は内容が重要で次につなげるためには打ったからＯＫではなく、内容を振り返り修正していかなければいけません。ちょっと結果を出したからといって安心してはいけないのです。
二線級投手に小成功病になって、改善しなければいけないポイントに気がつかないのではもったいない。考え方によって、成長が止まることもあります。基準をどこに置くかによって、それでよいと思うのか、これじゃいけないと思うのかに分かれます。

逆に普通の投手相手にも、ラフになることなくエース級に通用する意識で試合をする打者もいます。エース級相手にボール球をスイングするようでは勝負にならないので、いつでも打てるような投手に対しても強引にいくようなことはしません。
手を出せばヒットにできるボール球を見極めて、四球で出塁している打者は「好投手でも期待できるな」と思います。目の前の投手に意識を合わせるのではなく、エース級を見据えての打席にしているのです。

エース級が打てるかどうかを基準にする

一線級投手に勝負できるような考え方とやり方を常にしていれば、二線級投手を打ちあぐねることはありません。強豪チームが、公式戦で二線級投手にやられる場面をよく見ます。指導者は「相手に合わせるな」という言葉を使いますが、普段から目の前のことだけ考えて打っている選手たちは自分本位で動いてしまいます。
やるべきことをやれば攻略できるのに、それぞれが自分勝手にやっていると相手にはめられることもあるのです。私の経験では、強者がきっちりやるべきことをやれば、弱者に負けることはほとんどありません。ジャイアントキリングの原因は、弱者がすごいのではなく、強者に問題があるのです。

どんな相手に対しても、エース級投手攻略法で打席に立てるかどうかです。エース級との対戦では、ラフにいけば簡単に手玉に取られるのでいろいろと考えると思います。

・相手バッテリーはどう配球してくるのか
・構え遅れしないように早めにトップを作ろう
・力まないようにグリップは３の力で握る
・ボール球に手を出さないように条件付けをしっかりしよう
・ベンチでもタイミングを計っておこう

エース級との対戦では、勝負に勝てるように丁寧な準備をするはずです。

二線級投手には、細かいことを考えなくても打てそうなので準備を怠ります。一線級投手のときにしている準備をほとんどしません。同じ準備をしたとしても、緊張感がなくしていることでしょう。二線級投手のときこそ、「丁寧に」は難しくなります。

ライオンは狩りのとき、どんな獲物でも全力を尽くします。敵が弱そうでも難しそうでも、同じ狩りをします。いつも同じだからこそ、毎回同じ結果が出せるのです。

相手が弱くても油断することなく、緊張感を持ってプレーできるかが試されているのです。選手は相手が弱ければ喜びますが、指導者として考えると「油断する」「準備が疎かになる」「抜け落ちる」可能性が高いので嫌なものです。一度抜け落ちると、次も抜け落ちやすくなります。相手が同等レベル、もしくは強者になると精度が下がるのであれば勝ち抜くのは難しくなります。

どんなときでも「好投手が基準」の考え方を持つべきです。

〈打撃〉考え方 4 ヒットも四球も同じ

野球が個人競技であれば、自分が打てるかどうかだけ考えればよいでしょうが、団体競技なので「チームが勝つ」ために自分がどう動くのかを考えなければいけません。

３打席までノーヒットの打者が、最後の打席で結果を残したくて強引に打ちにいく姿をみます。ノーヒットで終わりたくないのは分かりますが、チームとして考えるとどんな打席でも「出塁して次へつなげて欲しい」のです。

相手が嫌がるのは、ヒットで出塁か四死球で出塁か。どちらも嫌なものですが、守っている側とすると四死球で出塁される方が精神的に大きなダメージを受けます。投手だけじゃなく、守備陣、ベンチにいる仲間や指導者まで四死球はマイナス感情になるのです。

甲子園に出場したチームをサポートしたことがあります。そのチームに素晴らしい四番打者がいました。

主力打者に対して相手バッテリーは慎重に攻めてきます。初球の入り方を工夫し、少しでもタイミングを外そうと全てのカウントで考えます。

主力打者に気を使うあまり、精神的に疲弊して、それ以外の打者に打たれてしまう展開はよくあることです。四番打者以外が猛打賞を連発して、打った選手が記者に囲まれインタビューを受けます。本来であれば一番力がある打者が決めて目立ちたいところですが、甲子園という大舞台では普段脇役の選手が活躍することもあります。

そのチームは最終的に甲子園で優勝しましたが、四番打者は打席数の半分近くが「四死球」で大会を終えました。試合を決定づけるような一打を放つことはありませんでしたが、「自分が決めたい」とボール球に飛びついて振るようなことは最後までしませんでした。

「まわりの選手が活躍しているのに、最後まで我慢してやるべきことをやりきったお前はすごい！　優勝の一番の立役者だと思う！」

誰でもチームのためにと言いますが、本当にチーム優先の考え方でプレーしている選手は少ないと思います。自分さえ打てればいい、チームが勝つことよりも自分が活躍したいという我欲でいっぱいです。

自分の結果だけを考えて打とうとすれば、少々無理な球でもスイングします。チームがして欲しいことをせず、自分優先で真逆なことをしてチャンスを潰すこともしばしばです。

ボールの見極めは、好投手相手になれば追い込まれる前は球種を狙ってスイングした方が、ボール球を我慢することができます。

甘い球を見逃さずにスイングしようと思い、ストレートにタイミングを合わせているとストライクからボールになるスライダーを空振ります。追い込まれる前であれば、思い切って球種を絞って狙い打ちも可能です。スライダーを狙っていれば、ボールになる軌道で来た球を見逃せる打者も多くいます。

球種狙い打ちのメリットは、狙っているがゆえにボール球を振らないのです。狙った球種のストライクが来れば、ファールにせず一発で仕留めることもできます。相手が嫌がる四死球、ボール先行の展開に持っていけるのです。

すべて自分で決める
自分が打ちたい

大会でチームが勝てば、次の試合があります。チームが負ければ次はないのです。その試合で誰がヒーローになっても「よくやったな」でよいのです。次は自分かもしれないし、違う仲間かもしれません。

ヒットも四死球も同じと思う選手が増えれば、チームは強くなります。ボール球に手を出さないという**チーム優先の考え方**をどんな相手にもやっていけば、強引に打ちにいって凡打することが減るので結果的に個人成績もよくなります。

〈打撃〉考え方 5 8（センター）から逆

打者としては、引っ張りの方向に打った方が気持ちいい。好打者は引っ張ってもスウェイすることなくインサイドアウトで打てますが、普通の打者はそうはいきません。

上体が投手寄りに流れて（スウェイして）前合わせとなり、外側からバットが入るドアスイングになります。ドアスイングでもタイミングが合えばどこまでも飛んでいくでしょうが、一線級投手の球はそう簡単には打てません。

ドアスイングはタイミングがずれた場合、ファールになることが少ないです。差し込まれて詰まった打球でゴロ、泳がされてひっかけて力のない凡打になります。スイングの軌道が「インサイドアウト」になっていることが、好打者になる条件のひとつです。

インサイドアウトとは、グリップ先行で振り出し、バットの先端は遅れて最後に押し込むようなスイング軌道のことを言います。インサイドアウトは『考える野球ＤＶＤ』（※注２）の技術編にある５球抜きが理想です。インサイドアウトで振れば、タイミングが合うと押し込み打球になり、タイミングが遅れるとヘッドが返らないうちにインパクトを迎えるのでファールになりやすいのです。

ドアスイングでのミスは凡打になり、インサイドアウトでのミスはファールになる傾向があります。ファールは「○」とはしませんが、まだ「次」が期待できます。タイミングをすべて完璧に合わせられるわけではないので確率を考えればインサイドアウトの軌道でスイングすることは重要です。

チーム指導では、好投手攻略のために「８から逆方向」を徹底します。センターから逆方向に打とうと意識することで、投球を捕手寄りに呼び込んで少しでも長く球を見れます。

スローモーション映像を見ると、多くの選手のスイングは、インパクトはかなり前合わせになっています。捕手寄りに呼び込むといっても、現実的には前合わせ。しかし、意識の中では懐まで長く見るという感覚が重要です。呼び込んでグリップ先行の軌道で振ることで、自然にセンターから逆方向に打球が飛んでいきます。

８から逆方向に打つことを意識すると、
インサイドアウトの軌道になる

インサイドアウトの軌道を意識すると、
８から逆方向に飛ぶ

どちらでも良いのですが、インサイドアウトとセンターから逆方向という表現を使う目的は、ボールの見極めをしたいからです。ボール球は見送って、ストライクをスイングすることでチームの得点能力はアップします。

「引っ張り方向に打ってはいけないのでしょうか」

よく選手から質問を受けますが、「引っ張るな」とは言っていません。ダメなのは、最初から引っ張ろうとして前合わせになり開くことです。センターから逆方向に意識して打ちにいき、たまたまタイミングが早くて前合わせになった打球は「○」としています。

バックネット裏から試合を見ていると、最初から引っ張ろうとして引っ張り方向に打っているのか、センターから逆方向に意識をして結果的に引っ張り方向に行ったのかは一目瞭然です。真後ろから打者の動きをみると、したいこと（考えていること）が分かります。

派手な打線（打者）より、ボール球を振らずにセンターから逆方向に打ち返す地味な打線（打者）のほうが相手を苦しめます。

ひとりひとりがバトンを落とさずに、つないでいける選手が9人いればどんな好投手でも攻略できるのです。

当てにいくだけの弱々しい打球ではなく、懐に呼び込んで力強い「押し込み打球」が打てる選手を目指して欲しいです。

〈打撃〉やり方 1 投手設定

指導者が、状況によって進塁打を求めることもあります。指導者の考え方に従うのが選手の役目です。チームでプレーしているので、「自分だけ特別」という考え方はいけません。

私が打者に求める考え方は、「投手と1対1の勝負に勝つ」です。好投手を基準とすると、いつチャンスボールが来るか分かりません。相手投手のコントロールが不安定で「待て」を出す指導者もいますが、私は一線級投手基準に考えるので「いつでも行け」です。

相手が崩れるのを待つのではなく、自分たちから突破口を作って攻略していきます。よって、カウント「0－3」（0ストライク3ボール）でも待てのサインは出しません。3ボールは相手投手がストライクを取りにくるカウントなので、球種を100％狙って、条件付けを厳しくして振りにいきます。

一線級投手になれば、0－3のカウントでもカットボールや自信のある変化球を投げてくるので安易に「ストレートだけ」という待ち方はしません。相手心理も含めて、相手がしてくることを冷静に予測して球種設定をします。拙著『考える野球』（※注3）95ページに状況の考え方を書いているので参考にしてください。

自分有利と感じるときの落とし穴

有利なときこそ、油断することなく丁寧に条件付けを厳しくする。不利なときこそ、相手心理を読みながら自分有利に考えて活路を見出すことです。結果を出すためにはスイングの形も大事ですが、本番のような状況設定をした練習が重要になります。

＜投手設定＞＜状況設定＞の２つの設定をして、毎回スイングすることで、試合のような臨場感が生まれます。

＜投手設定＞

何となくスイングするのではなく、高校生であれば18.44メートル先に投手がいるイメージを持ちながら振ります。試合のように、毎スイング、頭で状況を整理し自分のリズムで振ります。

12パターンすべての投手を描きながらスイングします。対戦の多い投手を多めに設定して練習するのもよいでしょう。ライバルチームのエース投手が分かっていれば「このパターン」、自分が苦手としている「このパターン」など、練習配分は自分で考えて決めてください。

12パターン表
（右投手・左投手）（速球派・軟投派）（上投げ・横投げ・下投げ）

① 右投手、速球派、上投げ
② 右投手、速球派、横投げ
③ 右投手、速球派、下投げ
④ 右投手、軟投派、上投げ
⑤ 右投手、軟投派、横投げ
⑥ 右投手、軟投派、下投げ

⑦ 左投手、速球派、上投げ
⑧ 左投手、速球派、横投げ
⑨ 左投手、速球派、下投げ
⑩ 左投手、軟投派、上投げ
⑪ 左投手、軟投派、横投げ
⑫ 左投手、軟投派、下投げ

③、⑧、⑨、⑫は、かなり少ないと思います。よって、12パターンあるとはいえ、現実的には８パターンの投手を練習しておけばよいでしょう。所属している地域の好投手に詳しければ、もっと絞ることができます。④と⑩はスタンダードで一番多いと思いますので、確実にやっておくべきです。

左投手が苦手という左打者、右サイドスロー投手が苦手という右打者がいます。自分がうまく打てない投手を克服するためには、家練で「このパターンには、あの球種を狙い打つ」など繰り返しスイングします。

一番よい方法は、実際にいる投手で設定することです。ライバル投手の球速はどれくらいか、変化球の種類は何があるのか。過去に対戦したことがある投手であれば、初球の入り方、ストライクを取りに来るときの球種やコース、自信がある球など分かるはずです。好投手は、打ちとるパターンを持っています。

いつもこの球でやられる…。

エース級投手攻略を考えると、得意としている球種が打てないと苦戦します。打者目線の映像がある場合は、何度も繰り返し見てイメージを膨らませることです。家練で何度も何度もその球をスイングしておきましょう。試合では、映像で見たよりも凄いかもしれません。しかし、繰り返し自分で練習してきたという自信があれば、感覚の微調整で対応できるかもしれないのです。

頭の中の設定次第で、家練が公式戦になります。毎日家で公式戦をやるのですから、本番で緊張し過ぎることなど少なくなるでしょう。

〈打撃〉やり方 ❷ 状況・走者・カウント・球種設定

様々な状況設定をすることで、家練が試合に近づきます。試合になればどうしてもプレッシャーを感じて、「ここで走者をかえそう」「何とか一本」など心が揺れ動きます。

本来はどんなときでも投手と打者、１対１の勝負なのですが、結果に意識がいき過ぎると、緊張してしまいます。緊張せずに体を動かす最大のコツは、今やるべきことに集中することです。

やるべきことに集中すると、自ずと結果が出ます。結果を先に考えると、今やるべきことが抜け落ちて凡打してから「あっ、あれを忘れていた」となります。そうならないためにも、普段から心が揺れ動きやすい状況を設定してスイングをします。

状況によって打者の心は、右往左往します。自分有利だと思えば、油断して注意力散漫になります。逆に自分不利だと思えば、思い切りがなくなり体が動かなくなります。

家練では、＜状況・走者設定４パターン＞をイメージすることで、心が揺れ動く状況に慣れておきます。状況に合わせて意識することを決めておき、自分なりの引き出しを作ることが大事です。それをルーティン化（いつもする考え・動作）できれば、公式戦でもその状況になれば「これに意識を集中」と迷うこともなくなります。

プラス思考で成果を出す時代は終わりました。打席内でのプラス思考とは、良い結果を期待することです。相手が弱ければそれでも体は動きますが、相手が強く、「しなければいけない」というプレッシャーを感じる場面になれば、逆に体は動きません。
その瞬間やるべきことに意識を向けることで、心を過剰に上げたり、過剰に下げたりしない状態にしたいのです。カーッとなって心が上がった状態では、力が入り過ぎて冷静さを失います。ビビッて下がった状態では、体が縮こまって思うように動いてくれません。心が上がっても、下がってもいない普通の状態。冷静で「これ」ということに意識を集中している状態が一番結果を出しやすいです。

社会人野球で16年プレーしましたが、気合を入れ過ぎてもダメ、ビビってもダメということを経験しました。野球経験の少ない人はプラス思考が一番よいと言いますが、強敵相手には通用しません。現実的に、体をどのように動かすのかを考えた方が結果につながります。

＜状況走者設定＞

① 走者なし（アウトカウントは何でもいい）

走者なしは、一番プレッシャーがかからない状況です。しかし、展開によっては絶対に出塁したいと考えます。出塁の確率を上げるためには、ライナーやフライではいけません。フライでも外野の間を抜ける時はありますが、一番は「速いゴロ」を打ち返すことが理想です。速いゴロを打とうとした瞬間に、打ちたい高さは明確になります。速いゴロを打ちたいのに高めに手を出してはフライの確率を上げてしまうだけです。

やりたいことを決めると、するべきことが明確になります。

イニングの先頭打者でも、二死走者なしでも、出塁するという目標は変わりありません。出塁するという結果に意識をおくことなく、ボールの見極め、トップからグリップ先行で打ち返すという「やるべきこと」に意識を向けられるかどうかです。

相手によっては、サードの動きが悪い、ショートの肩が弱い、など弱点があってそれによって狙いたい（打ち返したい）方向を決めることもあるでしょう。右打者は強引に引っ張り方向に打つことは危険ですが、左打者はレフト方向に打ち返すイメージは強く待ちたいものです。

ここで気をつけたいのは、左打者の場合、逆方向に打つとき「走り打ち」をしないことです。打ってから早くスタートを切りたいのは分かりますが、当て逃げのようにならず、最後まで振りきってから走る。走り打ちは頭が一塁方向に逃げやすいので、インパクトがずれてフライになることが多いからです。逆方向にゴロで打ち返したいのにフライになってしまっては本末転倒です。

② 二死二塁

二死二塁の状況は、走者を返したいという心が強くなります。焦ってボール球を振りにいく、難しい球をスイングして凡打になる。心が揺れ動く打者は結果が出せません。

チームが負けたときに「あの場面で、一本出ていれば…」と思った経験はあるはずです。チームの力が均衡しているときに、試合の勝ち負けを決めるのは二死二塁の場面での一本です。

二死二塁こそ、走者を返すという邪念を捨てて、投手と一騎打ちの勝負ができるかが問題です。相手は結果思考で「抑えたい」と考えますから、力が入った状態で投げミス（甘い球）が来るかもしれません。たとえ甘い球を投げてきても打者に「打ちたい」という力みがあれば、エース級が投げるチャンスボールを打ち損じる可能性は大きくなります。好投手は、甘い球をファールされると「おっと、いけない」と修正してきます。

投手は何とか抑えたいと考えて、ボール先行になるかもしれません。相手が不安定なコントロールなのに、ボール球を追いかけてスイングして相手有利にすると余裕を持ちなおしてしまいます。四球などで二死一二塁になってチャンスが広がる流れで、「俺が走者を返す」と考えて不利な状況を自分が作り出してしまいます。

二死ですから、フライを打って野手が捕ればアウトになりチェンジです。フライではなく速いゴロを打ち返すことで、ヒットの確率が上がります。速いゴロを打つ意識を強く持ち、ベルト付近から下の高さの球を打とうと思えば、フライになりやすい高さは見送れます。

相手が投げる球種を冷静に選定し、トップで柔らかく間を持ちつつ、インサイドアウトでセンターから逆を意識し振り抜く。試合を左右するような場面でも、するべきことに打席内で集中できるかどうかが大切です。

③ 一死三塁

チームによって様々な作戦が考えられます。

- 点差が僅差で、自チームの投手が相手打線を抑えられるようであればスクイズ
- 足の速い打者であれば、打者も生きるセーフティースクイズを選択してチャンスを広げる
- 相手投手が制球難であれば、ストライクの場合だけするセーフティースクイズで相手を苦しめながら１点
- スクイズが苦手な打者であれば、意図的にゴロを打って走

者が走る
・飛ばすことのできる中軸打者であれば、最低でも犠牲フライ狙い
・展開によっては、一線級投手相手でも突破口と考えて大量得点を狙ってゴロヒットでつなぐ（打者を信用して普通に打たせる）

監督の判断で、「したいこと」が変わります。それによって打者が意識することも違うので、監督の考えそうなことを家練でやっておきます。展開によってはいつもしないことでも、本番一発勝負でやることもあります。
本番で焦らずに動けるような準備をしておきます。

④ 無死満塁
絶対に有利な状況で大量得点が見込める、という無死満塁で無失点を経験したことはないですか。無死満塁は、最低でも２点入ると攻撃側は考えます。

私の野球人生で、無死満塁での無失点はたくさんあります。チーム全体が「大量得点」を意識するので、無失点で終わればその後の落胆は激しいです。相手が弱ければいくらでも同じ状況を作り出すことは可能ですが、がっくりしてその後動けずに敗戦ということもあります。
相手が強者ならば、「ここしかない」という攻め所です。勝つためには一気にいきたいところですが、有利だと思って考えがスカスカになれば、絶好のチャンスを逃します。
相手にとっては無死満塁で絶体絶命のピンチです。意気消沈して自分を見失う投手もいれば、思い切って気持ちを切りかえる投

手もいます。相手が自分を見失っている場合は、やるべきことに意識を向けて勝負すればよいですが、気持ちを切りかえた場合、一段ギアが上がっていると思った方がよいです。

手負いの獲物ほど怖いものはありません。背水の陣では、いつも以上の力を発揮するので打者としては「自分有利」という感覚を一切持たずに、細心の注意を払って「ガチンコ勝負」すべきです。

指導者によっては、「まず1点」と考える人もいます。外野フライで1点、最低の仕事をしたと評価するでしょうが、エース級の投手を崩す二度とない勝負所です。相手が強者であれば、無死満塁で1得点だとダメージになりません。むしろ「1失点でよく守った」と思います。速いゴロを打って野手の正面をつけばダブルプレーになります。前進守備ではホームゲッツー、最悪は無得点。1点オッケーの中間守備では、ダブルプレーで1点はとれますが二死三塁となり次打者を抑えられると1得点で終わります。

サポートチームには、「エース級との対戦で無死満塁であれば、大量得点狙い」と言っています。狙いが大量得点ということであれば打者は犠牲フライではなく「速いゴロで後ろにつないでいく」意識です。ダブルプレーのリスクはありますが、チームとしては勝負をかけたいところです。

もちろん指導者によって考え方は異なりますが、強者でエース級が相手ならば、無死満塁で立つ打者は、「速いゴロで抜く」ことを考えて球種選定をし、打つ球の高さの条件付けをして、当てにいかず、思い切り勝負をして欲しいと思います。

結果はどうなるか分かりません。相手も必死で投げてくるので、こちらが思うような結果は出ないかもしれません。結果は別として、相手心理を考えながらボールの見極めをして勝負するだけです。大量得点のシーンですが、打者は走者を返そうとか、タイムリーを打とうなどと考えてはいけません。やるべきことに意識を向ければいいのです。

家練では、４つの状況走者設定をして試合のようにスイングしますが、ここで何か気がつかないでしょうか…。

あれ？　やるべきことは同じじゃん

そうです。心が揺れ動く状況を描いて４パターンのスイングをしますが、「やるべきことは同じ」なのです。どんな状況でも投手と一騎打ちです。打ちたいのは「速いゴロ」。フライで抜けるかもしれないし、痛烈なライナーになるかもしれませんが、結果は別として、どんな状況でも勝負する前に頭で描くことは「ひとつ」なのです。

状況によって、いろいろなことを考えては集中力が散漫になります。**結果を考えてしまうと、こうしないといけないとプレッシャーを自ら大きくするのです。**家練では、心が揺れ動く４パターンの状況を描いても、「自分はいつも同じ」という平常心で、したいことに意識を向けて、動ける練習をします。

相手投手設定をして、状況走者設定をしたら、その次にカウント設定をします。これはシンプルでよいと思います。

<追い込まれる前>

二線級投手相手であれば、ストレートを狙って甘い変化球が来ても反応して打ち返すことができます。しかし、エース級相手にそれは通用しません。追い込まれる前でも、球種を決めて狙い打ちをすることでヒットの確率が上がります。
　好投手になれば、ストレートマークの打者に初球から芯を外すカットボールやチェンジアップを投げてきます。カットやチェンジが苦手な打者は多いですが、打てない打者ほどストレートを狙いつつ他の球種にも対応しようとしています。
　私の現役時代の経験を言えば、カット、チェンジ、フォーク（スピリット）は狙って打つ球種です。二線級投手が相手なら狙わなくても打てるでしょうが、好投手の場合この３つの変化球はタイミングを合わせるのがかなり難しいです。
　対応打ちが難しい球種でも、その球種だけを狙っていれば打つのは難しくなくなります。変化を予測しているのですから、ボール球には手を出しにくくなります。軌道をイメージしてスイングするのでヒットにする確率も上がります。
　追い込まれる前は、狙い球を100％決めてスイングします。当然、狙いが外れることもありますが、その場合は甘いコースでも振りません。コースが甘くて打てる投手は、二線級までです。エース級の場合甘いと思って振りにいっても、タイミングが少しずれて凡打になります。外れて見送っても、ストライクカウントが追加されるだけです。追い込まれても、追い込まれたなりの勝負の仕方があるので焦ることはありません。
　追い込まれる前は、ストレート、もしくは変化球、球種を絞って打つ練習をしましょう。

＜追い込まれた後＞

　ストレートマークの変化球対応打ちとなります。焦ることはありません。ストライクかボールかを見極めつつ、何とか出塁したいものです。バッテリーは２ストライクに追い込むと「もらった」と思います。そこでヒットや四死球で出塁されると精神的なダメージが大きいです。

追い込まれて対応打ちをするのであれば、まずはストレートにタイミングを100%合わせることです。ストレートが来ればファールにすることなく、一発で仕留めたいです。追い込まれてストレートに合わせていたのに、ファールや空振りをする打者は、

変化球かもしれない…。

変化球が頭の片隅にあると、狙っていたストレートを仕留められません。対応打ちは、ストレートに絞りながらも変化球がきたら何とか食らいついていく方法です。二線級投手に対しては、ストレート・変化球の両方を考えても打てるときがあります。どちらもたいしたことないので、自分の技術が相手よりも勝っていれば結果は出るのです。しかし、相手がエース級の場合、ストレート・変化球を天秤にかけて打てるほど甘くありません。

打席内の迷いが、自分の動きを悪くします

対応打ちは、100%ストレートに絞りながら振り出し、変化球と分かれば崩されつつもついていくことです。変化球が厳しいところにくればファールにするのが精一杯ですが、甘いところにくれば体が反応して「パチン」ということもあります。

対応打ちはストレートに合わせるので、変化球がきた場合、投手寄りに上半身が流れる「スウェイ」の可能性が高くなります。スウェイすると泳いだ状態になり、ひっかけ打球や空振りの確率が高くなります。

なるべくスウェイしない打ち方を**「ノンスウェイ打法」**（『考える打撃ノート』４、５ページ参照）と私は名付けています。エー

ス級相手には追い込まれてから、上半身が突っ込まないようにこの打法を使うべきです。ステップ無・有、どちらでもよいです。メジャーの大谷選手はステップ無ですが、トップでの間(ま)を考えるとアマチュア打者にはステップ有のノンスウェイ打法をすすめます。

ノンスウェイ打法は、追い込まれて対応打ちで勝負するとき、変化球に対して泳ぐのを最小限にしてくれます。また、追い込まれてからだけではなく速球投手相手に狙い打ちでも活用できます。速球投手相手には、どんな打者でも力負けしないように上半身が突っ込む傾向があります。突っ込みを軽減するノンスウェイ打法は、打者として大事な武器になります。

追い込まれてのノンスウェイ対応打ち以外にも、もうひとつ大胆な考え方があります。

それは、ノンスウェイ打法を使っても「ちょっと難しいな」という程レベルの高い投手の場合は、思い切って狙い打ちをするという考え方です。イチかバチかで追い込まれているのに「球種を狙う」のです。

好投手ほど、追い込んでから「この球で仕留める」という自信球で攻めてきます。球種はストレートよりも特殊球の場合が多いです。相手打者はストレートの変化球対応をしてくるので、投手はストンと落としたり、チェンジアップでタイミングをずらしたり、「お決まりのフィニッシュボール」を選択して攻めてきます。

追い込まれても、思い切って球種選定して勝負！

狙った球種が外れると、見逃し三振もあり得ます。指導者によっては、「見逃し三振はダメだ。とにかく食らいついて打て」と言いますが、一線級投手相手に戦ったことのない人が使う言葉です。食らいついて何とかなればよいのですが、現実的にそうはいきません。

球種選定した場合、見逃し三振のリスクはありますが、読みが当たればヒットの確率がグンと上がります。社会人野球時代に培った、私流の配球の読み方があります。(配球の読み方　→　『考える打撃ノート』　18ページ参照)

追い込んでバッテリーが選択する球種は、試合の流れ（バッテリーの傾向）を考えると、かなりの確率で読みが当てられるはずです。普段「ストライクなら何でも打つ」という強者に通用しないやり方をしているチームには難しいと思いますが、どのレベルのチームでも相手を観察する野球をしようと思えば狙い打ちの精度は上げられます。

チーム練習や家練で「球種を狙って打つ」ことをしていなければ試合でできるようにはなりません。エース級投手と対戦して初めて「ストライクを積極的に打つ今までのやり方が通用しない」ではいけないのです。

追い込まれた後は、ストレートに合わせながらストレートを打つ。ストレートに合わせて変化球が来ても少し崩されながら打つ・ファールにする練習をする。上級編として、追い込まれてから特殊球を狙って仕留める（ボール球は見送る）練習をします。

<試合のように>

頭の中で様々な設定をすることで試合に近づけることは理解したことでしょう。より試合に近づけるために、まだまだ意識するべきことがあります。

・相手投手の設定
・状況走者設定
・カウント球種設定

インパクトだけを見続けて素振りする人がいますが、試合では18.44 メートル先の投手を見て、そこから投げてくる球を目で追いながらインパクトします。球から目を離すことは絶対にありません。視線を意識しないと猫背になったり、いつもと違う形になるので注意が必要です。

スイングするときは、「どの方向に打ち返すのか」をイメージします。球を使わない練習ではイメージ通りに打ち返せますが、試合では「この方向に」と狙っても思い通りにいかないときはあります。しかし、打つ前に「この方向に」と意識することが大事です。イメージすることによって、体の動きがスムーズになり反応してくれます。

相手がこうしてくる
その球をそこに打ち返す

家練では、自分で物語を作って試合のようにスイングします。試合では、狙いが外れて待つことや、追い込まれてファールに逃げることもあります。

・一発で仕留める（打つ）
・見送る
・ファールにする

この３つの物語に沿って練習します。素振りでただスイングするだけになっている人が多いですが、試合では３つの物語が絡み合っています。

連続して振るのではなく、１スイングずつ試合のように間を取って振ります。一撃必殺で打ち返したら、またリセットして行います。試合をイメージしたスイングは時間がかかりますが、練習のための練習ではなく、試合で打てる打者になるために「試合のように」を繰り返し行います。

変化球を狙うときに気をつけたいことがあります。

・80 キロのカーブ
・110 キロのカーブ

スピードによって懐への呼び込み方は変わります。スピードをイメージすることで、より試合に近い状態になります。狙い打ちの精度を上げるために「スピードイメージ」は重要です。

・横に、ビヨーンと曲がるスライダー（横スラ）
・縦に、ギュッと落ちるようなスライダー（縦スラ）
・浅く落ちるスピリット系
・がっつり落ちるフォークボール

同じ変化球でも、曲がる方向やスピードが違います。何となくスライダー、何となく落ちる球というイメージでは足りません。横スラは 120 キロ前半かもしれませんが、縦スラは 120 キロ後半までスピードが出ているかもしれません。

インパクトの高さやコースも、より具体的にイメージします。

チーム指導をするときに、球種の見極めを大事にしたいので何番を打ったか、何番を見送ったかを選手と確認します。ホームベースの横幅は球が６つ並ぶ大きさです。インコースから①、②と進み、ベースから外れたアウトコースは⑦、⑧となります。

④の甘いストレートをスイング
⑦のストライクからボールになるスライダーをスイング

インパクト（打つ）コースを決めてスイングします。好投手ならば、高めに浮くよりも低めの球が多くなります。よって、コースだけじゃなく高さ設定もします。

指導者によっては「高めを狙え」という人もいますが、エース級相手だと**高めは地獄ゾーン**になります。力ある球に対して高めだとフライ要素が大きくなり、チームとしてやりたい「速いゴロ」は打ちにくくなります。

高低はボール何個かまで意識はしませんが、ベルト付近の甘い高さ、低めという２択でよいと思います。より試合に近づける意識を持って家練をしてください。

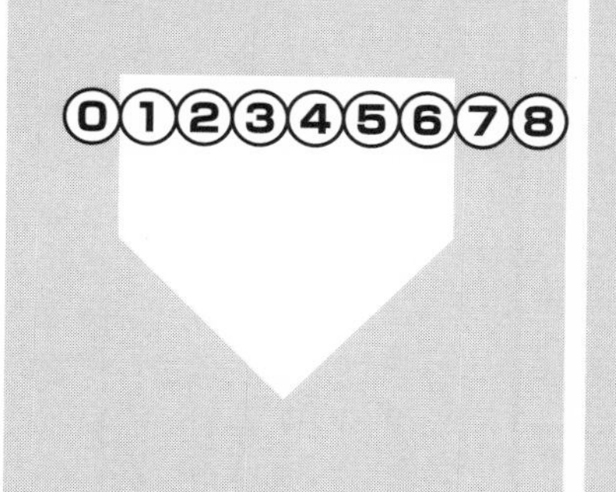

〈打撃〉やり方 ❸ 上級編

好投手になれば打者を打ちとるために様々な工夫をします。走者がいなくてもタイミングを外すクイック投球を、「えっ」という場面で使ってきます。打者は構え遅れをすると、間が取れずに焦ってスウェイしてしまいます。どんなに振る力があっても、タイミングを合わせられないと凡打の可能性は高くなるのです。

様々なレアな状況に対応できるように、上級者はちょっと変わった設定をしておきましょう。球種選定だけではなく、クイックをいつしてくるかの読みは重要です。クイックの読みが当たったとき、外れたときのスイングをします。

クイックを予測して早めトップで待って、
実際にクイック投球をスイング

クイックを予測して早めトップで待ったが、
実際には通常投球をスイング

クイック想定で通常投球の場合、トップにいる時間は通常の1秒よりも長めになります。この場合、固まり（力み）やすいので脱力トップを意図的にキープする必要があります。

投手寄りに突っ込みやすい状況なので、少しでもスウェイした場合はノーマル打法でステップしても一度軸足寄りに1、2センチでも重心を戻す動きを入れたいです。右打者であれば、左膝を少し内側に入れ込むような動きをすると「ちょっとした我慢」ができます。

無死二塁で右打者の場合、相手バッテリーは右方向に進塁打を打たせないようにインコース中心に組み立てるのが定石です。打者の技術が高ければ、相手がインコースに投げてくるのが分かっているので、3番ぐらいの甘いインコースだけ内側からスパッとひっぱり方向に振りにいくという考え方もあります。

今までの指導人生でこれができた高校生打者はいないので、大学生以上の技術レベルが高い選手にだけ行ってよいかもしれません。

インコースを攻められて、体勢を崩しても逆方向へ押し込むスイング。この場合、きれいな打ち方など絶対にできません。インコースを逆方向に打つためには、「グリップ先行」が鉄則になります。バットの先端（ヘッド）をとにかく遅らせて振ることです。

送りバントにすると守備陣にピックオフやバント守備をされることもあるので、当て感があって逆方向に打つのがうまい右打者には打たせて進塁打を選択する指導者もいます。

私が現役時代、「組み立てスイング」という練習をしていました。相手の配球をシミュレーションして、読みが外れたとき、読みが当たっても思うような反応ができなかったことを想定してスイングします。

読みが外れてウェイト　→　相手心理を読んで狙い打ち
速球に振り遅れて空振り　→　同球種狙い打ち
変化球泳がされてスイング　→　同球種狙い打ち

1球目は思うようにいかなかったけど、次の球で相手心理を読みながら打ちます。

したい動きではなかったけど、そうなってしまうことはあります。自分の今（ちょっと前）の動きを相手がどう考えるか想定して次に投げてくる球を予測します。マイナスの動きをして「やばい」と思うのではなく、やってしまったことを相手目線で考えて利用するのです。

逆に、わざと「したくない動き」をして次の球を誘導するときもあります。１球目は捨てて２球目に勝負をかける考え方です。好投手相手なら狸の化かし合い、ガチンコ勝負ではなく自分有利にするために工夫します。

タイミングばっちりでファールになったときは、考える捕手であれば球種を変えてくる可能性があります。ファールにしたくはなかったけど、次は「球種を変えて読んでスイング」など、物語は、より試合のように考えます。

打つだけじゃなく、送りバントのイメージ練習も必要です。通常は、ストレートマークの変化球対応でストライクバントをします。しかし、好投手はファールや強い打球にさせるために変化から入るのが定石です。

相手投手のレベルが高ければ、送りバントも変化球の狙い打ちが必要になってきます。変化球狙いのバント練習もしておきましょう。

バント上級編としては、セーフティーバントをするときに１球目はわざと失敗。２球目は１球目とは逆方向へカツン。レアな状況を設定しつつ、よりレベルの高い家練をします。

意識の高い家練をすることによって本番では、「ここまで考えて練習してきた」という自信がみなぎります。相手や状況をシミュレーションして準備を重ねるので、本番で緊張が限りなく抑えられます。結果に意識を向けることなく、相手観察しつつ、自分がやるべきことに集中できるようになります。

家練の仕方によっては、合同練習よりも成長できるということがもう理解したことでしょう。オーケストラのように、家練で技術を磨き、合同練習では家練でやってきたことを試すのです。練習試合も試す場所です。公式戦は、それら試してきたことを披露する場所なのです。

それでは、次に家でやる走塁練習について考えていきましょう。

打撃やり方　まとめ

● スイング

① 投手設定

② 走者設定

③ カウント設定

④ 球種設定

⑤ クイック投球、ノーマル投球

※物語（どの方向に、どんな打球）

❶ 打つ（見送り・打つ・ファール）

❷ バント（送りバント・セーフティーバント）

考える野球 2
家練マニュアル

走塁

えっ？　家で走塁練習ができるの？

チーム練習での走塁練習といえば、ベースランニングを思い浮かべると思います。体力強化要素を含んだ練習です。一塁まで駆け抜け、ヒットで三塁まで走り、タッチアップでホームへ生還。二塁打想定で二塁まで走り、ヒットで二塁からホームへ生還。三塁打想定で三塁まで走り、ゴロＧＯでホームへ生還。

ホームから走り始めて、ホームへ生還までを１得点として「本日の走塁練習は５得点」などと言いやっているチームもあります。未だにこういった走塁練習をしているチームはありますが、これはほとんど体力強化にしかなりません。

走塁　＝　疲れる

したくない練習No.1であり、やらされている練習と感じやすいのが走塁です。

試合での走塁は、得点能力を上げる重要な武器になります。自分で状況判断をして、相手観察からベストな動きを決断して、躊躇（ちゅうちょ）することなく大胆に動く。相手守備陣を崩して、いつも通りにさせないのがグリーン走塁です。グリーンとは、青信号のことで「状況判断して行けたらＧＯ」という意味で使っています。相手バッテリーを打者に集中させないことで、打者有利な展開に持ち込みます。

走塁

大抵の指導者は、「盗塁は足の速い選手がするもの」と思い込んでいます。速い走者には盗塁、遅い走者には送りバントで進塁させるという野球をしていることでしょう。指導力がないとすべてサインで選手を動かしたくなります。グリーンは選手に任せた戦略です。

動けない選手に対してサインを使うのはよいと思いますが、動ける選手には任せた方がよい動きをします。動けないと最初から決めつけるのではなく、動けるようにしてあげるのが指導者です。公式戦は、全員グリーンが理想。そうはならなくても半数以上の選手がグリーンで動けるようになれば、好投手相手でも攻撃が優位に進むことでしょう。

動くとは、盗塁するということだけではありません。揺さぶりの動きも含めて、相手が嫌がる流れにもっていくのがグリーン走塁です。

走塁に関する私のこだわり・テクニックは数多くありますが、本書では一般的な走塁を紹介しながら家練でできるグリーン走塁練習をお伝えします。

〈走塁〉考え方 1 足の遅い選手がキーマン

足の速い選手が盗塁をして、足の遅い選手は走らない。このような状態になっているチームがほとんどです。

守備陣からすると、足の速い走者に対して警戒をします。牽制をする、セット秒数を一定にしないなど、様々な「スタートを切られない工夫」をします。動いてからはクイックを効果的に混ぜて、最大限警戒するのです。

警戒されても、投手の投球タイム＆捕手の送球タイムを上回る走力があれば、盗塁を決めることができます。

しかし、一線級投手になれば投げること以外もうまいので、警戒されると盗塁を決めることは難しくなります。強豪チームになれば捕手もそれなりの肩の強さ、動きをしています。力が互角で、動いても成功するか失敗するか50％では仕掛けにくくなります。

では、盗塁をしそうにない打順の選手、見るからに足が遅そうな体型の走者に対してバッテリーは警戒するのでしょうか？

私はノンプロで捕手を16年経験しましたが、マークする走者、しない走者は分けて考えていました。ノーマークにはしませんが、警戒レベルは足の速さによって変えていたのが本音です。

カウントや展開によって「打者集中」が強くなったときに、限りなく走者ノーマークになります。現役時代は何度もこの状況で、足の遅い選手に走られた経験があります。

足が遅いので普通に投げれば余裕でアウトにできるのですが、警戒を解いているので急に走られると「いつもの送球」ができる確率は低くなります。

普通は走られない選手に盗塁を決められると、バッテリーは「カチン」ときます。警戒していればよかった…などと後悔します。速い選手に走られると「あちゃー」とは思いますが、仕方がないか、との感情も出てきます。しかし遅い選手に走られたときは、精神的に揺れ動くものです。

警戒されていない走者ほど、盗塁のチャンスは大きくなります。警戒していないのですから、牽制は限りなく「0」の状態です。投手は打者オンリーになると、一定のリズムで投げる傾向にあります。同じリズムで牽制がないのですから、ちょっと早めにスタートを切ることも可能でしょう。

私のサポートしているチームでは、「足が遅い選手が盗塁王」ということがたくさんあります。足が遅い盗塁王は、私の指導を受けるまでは野球人生で盗塁「0」個でした。足が遅いから、走るという選択が最初からありません。小学生の頃から「お前は遅いから黙っていろ」と言われてきているのです。

足が遅い方が相手守備陣が無警戒なので走れる状況にあるのですが、やったことがないためスタートを切る度胸がないのです。

「もしかして牽制がくるのでは…」
「アウトになったらどうしよう…」

足が遅い選手が心配になるのは分かりますが、バッテリーからすると「いやいや牽制なんてしないしノーマークだから」なのです。足が遅い盗塁王は言います…。

「簡単に成功しますね（笑）」

足の速い選手は警戒MAX、遅い選手はノーマーク。遅い選手がいろいろとできるようになれば、「全員が動ける」チームになります。チーム全員が動けるようになると相手投手は打者へ集中できなくなります。

「今のチームは、足が速い選手がいなくて動けません」

これは勉強不足の指導者が使う言葉です。足が遅くても、得点力を上げる走塁はできます。私が唱えるグリーン走塁は、足の遅い選手が勝利の鍵になります。

本書を読んでひとりでも多くの足の遅い選手が、走塁に目覚めて欲しいです。

警戒されていなければ、盗塁できるのです。

〈走塁〉考え方 ② 相手観察が成功の鍵

相手よりも自分がよければ、自分本位にプレーしても結果は出せます。しかし、相手が強者であれば、自分の思うようにさせてくれません。

地域では他の追随を許さない強豪チームが全国大会に出場したら、1回戦で簡単に跳ね返されて「自分たちの野球ができなかった」と嘆きます。予選では自分たちのことだけを考えた動きで勝てるレベルでも、全国の猛者が集う大会では、目線を変えないと勝てません。

全国で勝ち上がるチームは出場で満足するのではなく、「その先」を見据えて予選を勝ち上がるので自分本位のプレーをよしとしません。地域で強者であったとしても、そこで一番になるのが目標ではありません。よって、全国の猛者相手でも勝ち上がれるように、相手観察をして戦っています。

「走塁で一番大事なのは何ですか？」

「相手観察が最も重要です」

様々なテクニック、考え方があるでしょうが、相手観察抜きにはうまくいきません。相手心理をしっかり読みながら、「こう考えているから、あれをしよう」というように、**状況に合ったこと**をしなければうまくいきません。

相手守備が最大限の警戒をしているのに、走者が「走りたい、走りたい」という気持ちで動いていると牽制で刺されます。バッテリー・二遊間がディレードスチールを警戒しているのに、自分本位で試みても成功はしません。ベース1メートル手前でアウト確定になることでしょう。

今、相手の考えていること
何に意識を合わせているのか（集中しているのか）

相手投手が打者に集中している状態であれば、走者は盗塁のチャンス到来です。相手守備陣が走者に対する意識が強いときには、強引にいくことなく「牽制されるかも」とリードしつつ警戒をゆるめてはいけません。

足の速い選手は、油断して相手観察を怠ります。相手が警戒を解けば、簡単にセーフになるのに強引に行こうとしてアウトになります。左投手相手に飛び出す走者を見たことはないでしょうか。盗塁するだけが戦略ではありません。

打者に集中モードであれば、盗塁を仕掛ける
走者に警戒モードであれば、揺さぶりの動きをする

相手によって、走者の動きは大きく変わります。いずれにしても走者がしたいのは、打者へのアシストです。バッテリーが走者を警戒すれば、打者に集中しきれていないので甘い球がいくかもしれません。ストライクとボールがハッキリすれば打者は優位に勝負できます。盗塁が成功すれば、打者だけに集中できなくなります。ピンチを広げたくないので、走者に対して意識を強めることでしょう。走者に意識がある状況は、打者がチャンスなのです。

走者の「イロハ」をチーム全員がつかんでプレーをすると、攻撃力は確実にアップします。やり方だけを知って、動こう動こう

とするチームは自滅的なミスを連発して、あるときに「昔に戻そう」となります。足が速い選手が盗塁をして、遅い選手はバントで進塁する従前のやり方です。

強者相手に勝つことを考えると、相手を揺さぶる走塁がなければかなり難しくなります。味方にどんなに良い投手がいても、得点できないと野球は勝てません。

相手心理を読み、相手観察しながらプレーすると自分たち優位に試合を運ぶことができます。そのときに大事なのは、まず「自分だったらどう考えるか」です。当然、強者はちょっとレベルの高い考え方をしていますが、考える第一歩は「自分であれば」です。投手心理を知りたければ、味方の投手に聞くとよいでしょう。味方の投手のレベルによって濃淡は出るでしょうが、ひとつの意見（考え方）として知っておくことは必要です。

見ようとすれば、見えてくるものがある

能力野球をしていて考える野球をしてこなかった選手(チーム)は、見ていなかっただけです。球がきて打つ、打者がいたら投げるだけ、監督からサインが出たら動くだけ。考えないで野球してきた選手でも、見ようとすれば気がつくことはあります。

「なるほど、こういうときには打者に集中しているね」
「えっ、あれだけ走者を警戒していたのに急に打者意識になった」

練習試合で相手観察していると、様々な気づきが試合数と共に増えていきます。当然、相手が変わればそれは通用しないかもしれません。レベルによって異なることもあります。でも、自分が動ける指針は徐々にでき上がっていくはずです。

自分が試合に出なくても、ベンチやスタンドで観察することで気がつきます。

カウント、何かをした後…などなど、私の中で一定の方程式はあります。どのレベルでも、こうなればそうなるというものがあるので不思議です。私と親交のある指導者は、聞き出して試合で使っています。詳しく知りたい指導者は、**「エントモ会」**（※注4）に入会してください。詳しいことは、一般公開せずに会員にのみ公開しています。

地域でお山の大将になっているチーム（指導者・選手）は、考える野球をしません。全国大会に出場しても負けます。「あれだけの戦力があるのに…」いつもの言葉です。負けの原因は、自分本位の野球かもしれないのに、もっと鍛えればと努力の方向を誤ります。戦力があるのに機能しないチームは、自分本位を疑った方がよいでしょう。

地域でNo.1のチームが、相手観察をして「そのときに合ったこと」をすると負ける要素は「0」に近づいていきます。走塁だけじゃなく、**エントモ野球では相手観察を一番重要視しています。**

相手観察が突破口を生み出します。

〈走塁〉考え方 ③ ３つを使い分ける

相手観察しながら、次の３つの盗塁を使い分けます。基本的には投手が打者に意識を向けているときにスタートを切ります。自分の走力に応じて使えるもの、使えないものを分けて考えます。

① ジャスト盗塁

投手が動作を始めた瞬間、スタートする盗塁です。盗塁では一番多いスタイルです。

相手投手のクイックタイム(動き出してからミットに入るまで)と捕手のスローイングタイム（捕球してから野手のグラブに入るまで）の合計と、リードして自分が動き出し次塁に到達するまでの時間を把握しましょう。

勝負できる走者は、相手観察をして牽制がないタイミングでスタートを切ります。チーム練習で自分の走力（タイム）を把握しておいて、試合の中で相手タイムを計測すれば勝負できるかできないか分かるはずです。タイム的にまったく勝負できない選手は、ジャスト盗塁以外の選択肢を考えましょう。

タイム的にクリアできないと盗塁できないのか…。

タイム的に負けていても、セーフになる要素はたくさんあります。相手投手がクイックしない場合もあるし、捕手がストライクスローイングできないかもしれない、野手が捕手の送球を落とすかもしれない。タイムがすべてではないので、展開によってはリスク承知で勝負をかけることもあります。

タイムはあくまでも基準です。ある投手にジャストは使えなくても、別の投手には使えたりします。単純に足が遅いから使えないのではなく、遅い選手でも相手バッテリーがイマイチであれば使えます。

② スタンダード盗塁

相手の癖を見抜いて走る盗塁です。例えば、セットに入って同じタイミング（時間）で始動する、もしくはある一定の動作をしてから動く投手には有効です。動いてからスタートを切るのではなく、投手が動くちょっと前に走者はスタートを切ります。

相手投手の癖は千差万別です。試合前に癖を把握できていれば最高ですが、試合中でも観察すると癖が見つかるかもしれません。私の経験上、かなりの確率で投手の（もしくは捕手の）癖はあります。セット後は首しか動かせません。首の動きに癖が出る投手もいれば、セットに入るまでの動きで癖がある投手もいます。

一線級投手が普段は気をつけていても展開によっては、癖が出てしまうこともあります。ピンチになると、どうしても「素」に戻るのが人間です。

ちょっと前に走者がスタートを切るのですから、投手・捕手とのタイムで負けていても勝機はあります。足が遅い選手はスタンダード盗塁が中心になります。

③ ディレードスチール（ＤＳ）

ちょっと遅れてスタートを切る盗塁です。投手が動いた瞬間に第二リードを初めて、シャッフル（横にステップする動き）を入れてから走りだします。

ＤＳは、捕手または野手の動作が遅れることによって成功します。左打者の場合、一塁走者は捕手から見づらいので、スタートを気がつかないで遅れるパターン。捕手は警戒して気がついて投げても、内野手が二塁に入り遅れる場合もあります。どちらか一方が遅れると成功の確率が高くなります。

ＤＳ成功は、相手が油断しているときに使いたい作戦です。二遊間の力量とそのときの警戒度を観察して、捕手の心理や動きを見定めます。肩の弱い捕手は、一連の動作で投げないとスローイングできません。よって、一度止まるとスムーズに投げられない捕手の場合は決まりやすいです。

自分の走塁タイムと投手クイックタイムでシャッフルの数を決めます。通常は２シャッフルですが、相手の力量が高い場合は１シャッフルでスタートを切ります。２シャッフルすると、相手が遅れても決まらない場合もあります。その場合、１シャッフルをちょっと長めにして切り返しを早くしてスタートするなどの工夫が必要です。

ＤＳは左打者のときにするのが一般的ですが、右打者のときは守備陣が「ない」と決め込んでいるので成功することもあります。相手のレベルが高くても、ＤＳは成功するので面白いです。かつてサポートチームが甲子園常連校に、３連続成功したこともあります。

一度ＤＳを決められても、普段から防ぐ練習をしていない守備陣は、二度目にも対応できない場合があります。普段の試合相手もＤＳは仕掛けてこないので、準備をしていないのです。

ＤＳが決められると、捕手が一番カチンときます。ジャスト盗塁よりもメンタル的に揺さぶられます。力のある捕手ほどプライドは高いものです。走られると、「走られたくない」という思いが強くなり、ストレート中心の配球になることもあります。**投手がよくても捕手がバタバタし出すと、チームは崩れていきます。**

以上、３つの盗塁を使い分けながら、相手を揺さぶることができれば強者相手にも突破口が見つかります。

注意したいのは、少し盗塁できるようになると強引になりやすいことです。自分本位で考えて牽制死、飛び出して走塁死も多くなります。盗塁はあくまでも相手を揺さぶる道具のひとつであり、盗塁選手権に出て数を競っているわけではありません。相手観察がゆるくなるとミスが多発します。

アウトにならない範囲で、相手を嫌がらせることができれば勝利に近づきます。

自分の走力で、３つの盗塁をどのように使い分けるのか。目の前の投手、捕手、内野手をみて、どの盗塁が成功する確率が高いのか。相手観察をしながら、動いて欲しいです。

〈走塁〉考え方 4 スタートとブレーキはセット

監督から盗塁のサインが出てスタートを切ったとします。足が速い選手でもアウトになることがあります。

「えっ、スタートかなり遅れているじゃん」

いくら足が速くても、スタートが遅れるとアウトになります。足が速い選手ほど自分を過信しているので、スタートの感度が悪い場合が多いです。盗塁のサインが出てもスタートが遅れれば戻らなくてはいけません。強引に行ってアウトになる可能性が高ければ、戻って次の機会を狙った方が得策です。

監督のサインで動くようなチームは、「戻る」という選択肢がほとんどないので速い走者も遅れるとアウトです。

盗塁成功の鍵のひとつに、「精神的余裕」があります。野球の経験がある人であれば理解できるでしょうが、監督から盗塁のサインが出ると心臓がバクバクしたと思います。

「牽制を投げてこないかな」
「アウトになったらどうしよう」

結果に意識が向きすぎて「しちゃいけない」モードが強くなります。心臓がバクバクした状態で、スムーズに体が動くわけがありません。精神的余裕を生み出すためにはどうすればよいのかを考えましょう。

自転車に乗るとき、ブレーキが利かない自転車を思い切ってこげる人はいません。ブレーキがばっちり利く自転車であれば、止まれる安心感があるから思い切ってこげるはずです。

スタートをミスっても戻ればいい

戻るというブレーキを持つことで、スタートが飛躍的によくなります。

しなければいけないという思考
ダメでも大丈夫という思考

どっちの方が精神的に有利か理解できると思います。遅れたら戻れと指導者が言うのは簡単ですが、現実的には練習をしていないと戻れません。

走者は戻るときに、左足支点でターンすることはありません。必ず右足でブレーキをかけて左回りに（投手方向に回っていく）ターンをして戻ります。と、いうことは、最初の戻るチャンスはスタートしてから２歩目、次は４歩目、その次は６歩目になります。現実的に４歩目以上で戻れば、捕手のスローイングでアウトになります。戻るチャンスは２歩目しかありません。
２歩目の右足ブレーキでバックをするためには、スタートが遅れたか遅れなかったのかの判断をどこですればよいのでしょうか。

スタートした瞬間です

私は、○×の判断（大丈夫か・遅れたか）をスタートした瞬間に感じなさいと指導します。盗塁のスタートは、右足を少し引いて動くパターンと、右足は動かさないで左足から動かすパターンがあります。どちらでもよいのですが、左足の着地が1歩目とすれば、次の着地した右足で戻る場合はターンします。

スタート直後に走者が、自分で○×判断すると確実に戻れます。これは練習が必要で、試合に出なくても観戦していてもできることです。できれば走者からの目線で練習できればよいですが、ベンチでもスタンドでもビデオ観戦でもスタート練習はできます。

安定したブレーキを持つと、心の余裕が生まれます。余裕を持ちながら動くと、スタートが抜群によくなります。心の動きが自分の動きを決めていくのです。

グリーン走塁は、自分で見て、判断し、決断して動く走塁です。監督からのサインで「行け」という感じではありません。自分で判断するので、監督から「この球で行け」とは違います。自分のリズムで、自分の間合いで動けるのも余裕が生まれる要素のひとつです。

もちろん、グリーン走塁で動けるようになるには、数々の失敗を繰り返して修正し、磨かれていかなければなりません。目の前の結果だけを考える指導者は、ミスをすると怒ります。選手は怒られると「失敗してはいけない」と動けなくなります。いつまでも自分で判断して動けない選手のままです。

失敗しないとうまくならない！

最終的に公式戦で、動けるかどうかが勝負の分かれ道。ミスに寛容じゃない指導者もいるので、ブレーキ力を身につけて「ミスをしない状況」を選手が作り出すことも大事です。

〈走塁〉考え方 5 物語

自分本位ではなく、相手観察して動くことは重要だと分かったことでしょう。走塁は「相手を嫌がらせる」という大きな目的があります。盗塁を決めて進塁しても、打者が走者を返して得点しなければ勝てません。

嫌がらせる、いつもの投球をさせない、打者に集中させない、ということを念頭に走者としてどう動くのかが大事です。

１球ごとに勝負がある野球ですが、よい結果を出すためには、物語が必要です。例えば、走者が相手観察なく「行きたい、行きたい」ではミスをします。牽制死や飛び出し走塁死をしないように、自分の中で物語を作って成功の確率を上げます。

・１球目　行く気のない動きをする（盗塁あるかな）
・２球目　もっと行く気のない動きをする（ん？　なさそうだな）
・３球目　思い切って盗塁スタート（えっ、スタート切られた）

初球、バッテリーは走者がいれば動いてくるかなと意識をしているはずです。投げ終わってから走者が走りそうでなければ、「ないかな」と思います。２球目で更に気配がなければ、「打者集中」になることでしょう。

ないと思わせておいて盗塁をする作戦です。これを私は「物語」といいます。最初は警戒していても、走者の動きによって相手バッテリーは警戒を弱めます。

・１球目　行く気満々の動きをする
（ちょっと牽制を入れておこうかな）　牽制球

・２球目　もっと行く気満々の動き（これはあるぞ）　牽制球×２
・３球目　打者がカツン（えっ、甘くなって打たれた）

走者が投手の意識を自分に向けさせて、打者に甘い球を投げさせることでチャンスを広げます。盗塁ができなくても攻撃有利に持っていくことはできるのです。

・１球目　行く気満々の動きをする（ありそう）　牽制球×２
・２球目　もっと行く気満々の動き（絶対にある）　牽制球×２
　▷走者は「ちょっとスタートは無理という動き」（あきらめたかな）
　▷バッテリーは牽制を十分したし大丈夫という気持ちに…
・３球目　思い切って盗塁スタート（えっ、だまされた）

警戒していても、ずっと牽制するわけにはいきません。投手は「もういいかな」という気持ちになったときにスタートを切れば成功します。警戒していたのに盗塁を決められるとガックリきます。

警戒させないで盗塁
警戒させて走らない
警戒させまくって盗塁

走者は様々な物語を描いて、攻撃有利に誘導します。ときには走らないで相手を揺さぶるような動きを入れます。走るフリだけでバタバタして相手守備陣が乱れることもあります。**最終的に得点するのが最大の目的です。**
グリーン走塁、考えた走塁をしていくと、相手がミスをすることもあります。低めのワンバウンドを投げて進塁を許したり、内野手もイライラして失策、走者に意識をとられる、ヒットゾーンを広くしすぎる。走塁はサブ的なものですが、打撃と走塁が絡み合うと得点能力は上がります。

ベースの蹴り方、まわり方、スライディング、先の塁を狙う判断力、そして打者がインパクトするときの右足浮かせの形、走者として基本的なことができるようになるのは当然ですが、家練では基本的な動きと戦略的な動きを練習します。

〈走塁〉やり方 ❶ 走者意識

家練では、相手投手が走者意識の動きと打者意識をシミュレーションして動きます。走者に意識があるときに、無理をして盗塁しようと思えば牽制死や飛び出し走塁死となります。走者に意識が向いているときには、もっと引きつけて打者にアシストするようにします。

相手を揺さぶる動きが中心になるので、相手がもっと気になるような動きをします。ここで大事なのは、絶対にアウトにならないことです。動く姿勢を見せながらも走りません。明らかに嘘くさい演技ではなく、本当に走りそうだと相手に思わせることができるかどうかです。

・刺されない程度にリードを大きくする
・リードは小さくても走る雰囲気を出す
・盗塁のスタートを切り２歩バックする
・右足体重にして構える

右投手はセット後、走者を見ることはできませんが、左投手は一塁走者が常に見えています。見ている場合は、チョロチョロするなど相手が気にするような動きをします。

「左投手相手に、盗塁は難しいので足は使えない」

盗塁ができるできないを考えている指導者が使う言葉です。走塁で相手投手を崩せばよいのであり、数を競う必要はありません。盗塁するだけが崩れる要因ではなく、左投手は走者が見えているので右投手よりも様々な動きで崩れやすいのです。
相手によって反応は様々なので、「気にしそうな動き」のバリエーションをたくさん持っておくことです。
一塁走者だけじゃなく、二塁走者の動きも家練では行います。二塁走者として１本のヒットで生還することも大事ですが、打者が打たなければホームに返ってこられません。二塁走者は三盗を仕掛けるような動きをしつつ、投手と内野手の意識を引きつけます。
黙っていられない二遊間は牽制をしてきますが、三盗する姿勢を見せつつ心の中では100％バックです。せっかくのチャンスを潰すような逆を突かれて牽制死は絶対にさけます。
二塁走者は、投手がセットを組んでからではなく、投手が野手の牽制サインをみているときから揺さぶりの動きは始まります。一線級投手は、二塁への牽制がうまいことが多く、セットを組む前に捕手の球種サインを見ながら一発で牽制、セット後も素早くターンして一発牽制できる投手もいます。
投手からの牽制だけではなく、第二リードが大きければ捕手からの送球で刺されることもあります。

シミュレーションのパターン
＜右投手との対戦＞
一塁走者としての揺さぶりの動き
二塁走者としての揺さぶりの動き

＜左投手との対戦＞
一塁走者としての揺さぶりの動き
二塁走者としての揺さぶりの動き

自分なりの物語を作って練習します。出塁して、相手投手は盗塁を警戒している状況。投げる前にこういった動きをして、牽制がきたらこの動き。１球目投げたらスタートバックを仕掛けて、２球目には…。

自分なりの物語を作り、こうしたらこれ、次にこうなったらこの動き。ワンパターンではなく、いろいろなバリエーションを自分なりに作ります。

右投手なのに、セットを組んだ後にチョロチョロする走者…。

右投手にその動きは見えません。しかし、捕手への揺さぶり、内野手の揺さぶりとしては効果があります。捕手は、次の配球に影響が出ることもあります。盗塁の準備で腰高になってワイルドピッチにつながるかもしれません。左投手は一塁へ早い牽制はできませんが､右投手は素早くターンして速い牽制があるので､チョロチョロには細心の注意が必要です。

相手の走者意識が強ければ、盗塁ではなく揺さぶりの動き（走りそうで走らない）が基本の動きになります。このときに打者は投手が集中力散漫になっているので、甘い球が打てる「打者タイム」になります。

〈走塁〉やり方 ❷ 打者意識

相手投手が走者意識のときは揺さぶりの動きをしますが、打者意識になったときに盗塁チャンスとなります。家練では実際の投手がいるわけではないので、あくまで頭の中でイメージしながらのシミュレーション練習になります。

状況設定が、打者意識になっているので限りなく牽制がない状態です。このときに、３つの盗塁の「どれ」を使うのかを決断して動きます。

決めつけは危険なので、打者意識と思っても相手観察を怠ってはいけません。自分の中では「絶対に打者意識」であっても、投手や捕手の動きを観察して「ちょっとおかしいぞ」と少しでも感じたら盗塁はやめて揺さぶりに変えます。違和感を覚えたのに、「でも、行く」という考え方は強引です。相手が弱ければ少々強引にいっても成功しますが、強者ならばうまくいきません。

石橋を叩いて渡る。

打者意識に確証のない場合は、初球では行くような動きは一切せずに空気の確認をします。そして、次の球…のような物語もよいです。**１球ごとに空気は変わります。**相手心理の考察、相手観察はどんなときでも欠かさずに行います。

慎重に相手を見極めて、これというときには躊躇(ちゅうちょ)なくスタートを切ります。このとき、○×確認はしっかりと行い、遅れた場合は戻ります。打者意識があるときをイメージした動きは２つ行います。

スタートをする練習
戻る練習

足が速い選手は、どのスタートで勝負をかけるのか。右投手には駆け引きありのジャスト盗塁をするのか、駆け引きなしでガチンコジャスト盗塁をするのか、相手によってやることは変わります。左投手にいきなりジャスト盗塁をしようと思えば、牽制が上手な投手にやられます。工夫した物語が必要で、走者意識（揺さぶり）をしまくって「どうせ走らないのだろう」と思わせておいて勝負をかけるという長めの物語も必要です。

三盗を仕掛けるときの鉄則は、スムーズさです。チョロチョロしながらも、立ち止まってからスタートを切れば刺されます。スムーズにスタートが切れたときに、三盗は足が速い遅い関係なく成功します。

こんな動きからスタートを仕掛ける

三盗のバリエーションも増やしたいところです。三盗が決まれば相手チームはガックリします。成功すると味方は盛り上がり、ムードは一気に高まります。好投手攻略を考えると三盗は攻略の糸口になります。

打者に集中が高まったとき、三盗のチャンスがきます。走者としてはいつも気にされているように思いますが、あくまでも投手は打者との勝負になるので、実際には走者を気にしているように見せかけて打者勝負をしています。

三盗を成功させるためには、スタートのタイミング、スムーズさも大事なのですが最も重要なのは**思い切り**です。もちろんブレーキ（○×）を持ちつつ、攻める気持ちで仕掛けられるかどうかです。

・走者意識から打者意識に変わったときに、スタートを仕掛ける
・最初から打者意識のときに、盗塁勝負をする
（短めの物語、長めの物語）
・打者意識だけど、あえて揺さぶりをいれて走者意識にして打者へアシストする

これ以外でも打者意識で様々なことが考えられます。自分たちが優位に運ぶために、どのような走塁がいいのか。家練で状況を設定しながら、たくさんの物語を試して欲しいと思います。

〈走塁〉やり方 3 基本的な走塁練習

相手を揺さぶる走塁だけではなく、基本的な動きもできるようにしましょう。ここでは、打球判断、シャッフルＧＯ、低投ＧＯについて考えます。

① 打球判断力

打球によってどこまで自分が行くかの指示はコーチャーがしてくれますが、基本的には**走者自身ですべての打球を判断**するべきです。

コーチャーの指示は、あくまでも参考にする程度です。投球が始まる前に内野手・外野手の守備位置を確認し、グラウンド状況、風の強さと向き、相手の肩の強さなどを頭に入れて、飛んだ打球の勢いを見れば自分がどこまで行けるか判断できるはずです。

すべて自分で判断するという基本ベースがあって、コーチャーの意見を参考にして走ります。合同練習や練習試合で判断力を磨きますが、ゲーム観戦で自分が出場していなくても「自分なら」と考えることで、向上させることはできます。

スタンドで観戦しているときも、走者が判断するポイントで行けそうな塁までの数字を言います。打者走者が一塁から二塁に行くと決めるポイントは、一塁ベースを踏む約３、４メートル前です。スタンドで観戦していて、その場所に打者走者が来たときに二塁へ進塁できるときには「２」と叫びます。ダメなときは「ストップ」と言います。

打球が外野を抜けて三塁まで行けそうなときは、走者が二塁ベースの３、４メートル前で判断します。よって、そこに走者が行ったときに「３かストップ」を言います。練習試合だけじゃなく、合同練習で試合形式ノックをしているときでも行いましょう。

複数の選手でやるときには、すべての選手が同じ判断にはなりません。足の速い選手は次に行けますが、遅い選手はストップということもあるでしょう。

相手守備陣の情報を頭に入れて、すぐに判断することを何度も行います。何度も**判断訓練**をすることで、実際に自分がプレーしたときの判断感度は上がります。自分の後ろの打球は走者が判断できないと言われていますが、外野手の情報などを頭に入れておけば可能です。

大抵のチームは、コーチャーに任せきりの走塁で判断ミスがあればコーチャーが叱られます。試合経験の少ない選手が、コーチャーをしているチームがほとんどです。自分の走力を分かっている本人が判断する方が間違いは少なくなります。

試合を左右する走塁判断は、二塁からホームへ一本のヒットで戻れるかどうかでしょう。繰り返し判断練習をして、判断力を磨いて欲しいと思います。

② シャッフルGO

走者が一次リードをとり、投球動作が始まれば二次リードの動きに入ります。二次リードは様々な動きはありますが、基本的には「シャッフル」といわれる動きをします。頭を上下しないで横に跳ねるようなサイドステップです。

シャッフルの鉄則は、打者のインパクト時に右足が浮いている形を作ることです。インパクトで両足着地していると、止まっている状態からの動きになるので加速できません。右足が浮いている状態でインパクトを迎え判断して、行くか戻るかの動きを瞬時にします。

二塁からホームへ生還するためには、確実に右足の浮いてる状態にしたいです。浮いた状態で判断して右足着地と同時に頭を走る方向へ素早く動かせば、かなり加速できます。

試合で走者を観察していると、両足着地の選手がたくさんいます。無意識にできるまで、繰り返し練習をする必要があります。家練では、投手が投げる動作をイメージしてシャッフルし、打者がインパクト時に足を合わせます。

投手の投球動作が始まり、打者がインパクトを迎えるまでクイックであれば約１秒です。ゆっくり目のセットポジションでは約1.5秒前後です。走者が動き出して２シャッフル目の右足浮いた状態でインパクトを迎えます。

クイックタイムが早めの投手に対しては、シャッフルがゆっくり過ぎると足が合いません。タンタンというリズムで動きます。クイックタイムが遅めの投手に対しては、ターンターンというゆっくりリズムになります。相手投手の投球動作をシミュレーションしてシャッフルＧＯの動きを練習します。

家練では、シャッフルをしてインパクトスタートする動き、ライナーバックで戻る動きを行います。この練習で大事なのは、右足を浮かせる動きです。長い距離を走る必要はなく、インパクトで足を合わせてから２、３歩で終えてかまいません。

③ 低投ＧＯ

投手が低めにワンバウンドを投げてワイルドピッチし、走者が進塁する動きを低投ＧＯ（投手が投げた低い球でスタートを切る）と言います。

ワンバウンドしなくても走者が横から見て「ワンバウンドしそうだな」と判断したときにスタートを切るチームもあります。一塁走者は、捕手が投手に出す球種サインが見えるときがありますが、変化球のときに「軌道でＧＯ」でもよいでしょう。
低めの球はどうしても捕手は顎を引いて捕球するので、頭を下げて捕球し、上げたときにはもう走者は動いていて投げても間に合わない状況になります。
捕手としては低めの球はすべて送球するという動きをすれば、低投ＧＯのスタートは遅れているので刺すことは可能です。この動作をつねにする捕手に対しては、野手が遅れない限り進塁は厳しいので注意が必要です。
もちろん捕手は後ろに逸らさないことを最優先するので、あまりにもラフに捕球して投げようとすれば傷が広がるリスクもあります。走者がＤＳのようなスタートを切ったときに後逸すれば、進塁を三塁まで許すかもしれません。
二塁から三塁への進塁は、捕手が体で止めた球がどこに跳ねたのかをみてスタートします。三塁方向、投手方向に跳ねた球はストップです。一塁方向に跳ねてダートサークルを越えるような場合、捕手の後ろに行ったときにはスタートを切ります。
二塁から三塁へいくときに投球軌道で行くことはリスクが高いので、リスクが少ない跳ね方判断でスタートを決めた方がよいでしょう。
打者のインパクトで右足浮きを徹底していると、低投ＧＯの動きもスムーズになります。

家練での走塁練習はすべて状況設定などをイメージして動きます。無言でやるよりも、状況設定は声に出して行う方がよりイメージがしやすいのです。
家練は計画が大事です。すべての動きをしようとはせずに「今日はこれとこれ」「明日はあれとそれ」というように、１週間の計画を作って、打撃、走塁、守備などを取り組みましょう。そこで気がついたことはメモすることです。私の**『考える野球ノート』**（※注5）には、気がついたこと（発見）を書くところがあります。

自ら考えて動ける選手になるためには、気がついたことを必ず書く習慣をつけることです。書くことで、忘れずに「次」へ生かせます。

「家で走塁練習ができるなんて…」

チーム練習でしか身につかない力はありますが、大抵は家練で身につけることができます。今までは知らなくてやらなかっただけです。知っただけでは上達しませんので、家練で積極的に走塁練習を取り入れましょう。

もう一度いいますが、
私のグリーン走塁は、足の遅い選手が主役です

走塁やり方　まとめ

物語を決める（一塁走者・二塁走者）
走者意識　→　打者意識
打者意識　→　走者意識

● 揺さぶりの動き（走者意識）
① 牽制されてバック
② シャッフル右足合わせ

● 盗塁・○×判断（打者意識）
① ＧＯ　（ジャスト・スタンダード・ＤＳ）
② バック（二歩バック）

● その他の動き
① 打球判断
② シャッフルＧＯ
③ 低投ＧＯ

第3章 守備

投手

捕手

内野手・外野手

投手

野球という競技は、投手によって勝敗が大きく左右します。どんなに得点しても、それ以上失点すると負けます。かなり重要なポジションで、大会を勝ち抜くためには一人だけじゃなく、複数の投手がいなければいけません。

チームによっては野手兼任で登板する選手もいます。人数が少なければ、投手経験者だけじゃなく「みんな投げる」状況かもしれません。

球を投げる動作は簡単ではありません。心の動きに体が微妙に反応するので、投手はメンタルの強さが求められます。

投手は、正しいフォーム（自分に合ったフォーム）を知ることです。どの球種でも同じリズムで投げられる「スタンダードなフォーム」を身につけたいです。戦略的に自分のリズムを変えて打者のタイミングをずらすことはありますが、形があってこそ変化する（ずらす）ことができます。

全国各地でチーム指導をすると「フォームが固まっていなくバラバラな投げ方」になっている投手がほとんどです。

家練では試合感覚が大事ですが、フォーム固めをしつつ、試合感覚の練習を入れていかなければいけないレベルの投手が大半です。よって、自分の思うように投げられない投手は、フォーム固めに多く時間を使い、試合感覚は徐々に入れ込むような時間配分がよいと思います。

フォームがある程度固まれば、試合感覚の割合を増やしてより実戦的な感覚で動きます。投手は複雑な技術が必要なポジションなので、体を動かしながら「自分と対話して」コツを習得していく必要があります。

家練では、フォーム固定という最大の目標を持ちつつ、基本となるエントモの考え方を理解して、試合感覚を取り入れながら「**打者をアウトに取れる投手**」になって欲しいと思います。

〈投手〉考え方 1 スピードよりもコントロール

チームに速球投手がいれば「今年はいけるかも」と、指導者も選手も思います。しかし、速球投手がいるからといって優勝できるとは限りません。

自分が持っている以上の力を出そうとするのが「力み」です。 速い球を投げようと必要以上に力んで、コントロールを失う投手は多くいます。

速い球は、投手が打者を抑えるためのひとつの条件に過ぎません。追い求めるのは悪いことではありませんが、過剰だと失うものが出てきます。

過去指導した投手に、左の好投手がいました。高校生の彼は、身長165センチぐらいでしたが三振を量産できる投手でした。ストレートは130キロ前後、しかし、最大の武器は鋭く曲がるスライダーです。力感なく腕を素早く振るので、打者はスライダーがストレートのように見えて、泳がされて空振ります。

3年生になろうとする最後の冬に彼は「球速を130キロから130キロ後半に持っていきたい」と目標を定めました。ひと冬越えて、球速は平均135キロ程度にアップしたようです。

久しぶりに彼と会ったときに「えっ、別人？」と思いました。

球速はアップしたのですが、フォームがまったく変わっていたのです。以前は、腕を身体の幅で隠しながら球の出所が見えにくかった腕の軌道、力感なくゆったりとしたフォームからスパッと腕を振っていました。

ひと冬越して、上半身に必要以上に力が入って背中から球が見えるようになり、投げた後は体勢を崩すようなフォームになっていました。

スピードは５キロ速くなりましたが、コントロールは不安定になり、鋭かったスライダーにキレはなくなり、空振りが取れなくなったのです。秋までは地域で目立っていた好投手でしたが、最後の夏は平凡な成績で終わりました。

スピードがあってもコントロールがなければ試合には勝てません。弱者相手であればボール球をスイングしてくれますが、強者相手にコントロールできていない135キロのストレートは絶好の獲物です。

私が思う好投手の条件は、自分の球をコントロールできるかどうかです。スピードは速ければ有利になりますが、球が遅くても組み合わせ方・やり方を間違わなければ打者をアウトに取ることができます。チームの勝敗はホームランの数や、投手の球速で決まるわけではありません。

球速は、正しいフォームであれば、そのときの身体の大きさ・強さなりのスピードは出ます。無駄のない投球動作で投げることで結果的にスピードアップするのです。

何も考えずに上半身が力んで速い球を投げようとしても、ストレートは高めに浮いて棒球、又は全体的なバランスを崩してコントロールを失うことになります。

コントロールを安定させるためには、投球動作のリズムが大事です。足を上げて着地までの動きが、コントロールをある程度決めます。足を上げる動作、体重移動、最後に着地してからリリースするまでの動きを安定させることです。

コントロールが悪い要因は十人十色ですが、「そこに投げようと」強く思うばかりに全体的な動きが遅い投手です。

<強弱強（早遅早）>

足を上げる動作を早くして力をためて、体重移動は頭が突っ込まないようにお尻先行で、ゆったりとしたイメージで着地します。着地してからは十分たまった力を思い切って開放します。そのリズムを強弱強（早遅早）と表現しています。

制球難の投手は、このリズムが弱弱強になっていることが多いのです。それぞれが心地よい投球リズムはありますが、リリースを安定させる動きを考えて強弱強を意識するとコントロールがよくなる投手はたくさんいます。

リズムだけじゃなく、腕の軌道、体重移動の仕方、心の状態、様々なものが絡み合って投球はコントロールされます。制球難の理由（要因）を自分で把握することが重要です。

どうみても理にかなったフォームでも、メンタルが弱ければ不安定になります。精神的に強くても、上体が突っ込んで腕が遅れるとリリースは安定しません。

プロ野球でも、一軍で活躍する投手はコントロールが安定しています。スピードもあって、自分の球を制御できています。二軍にも速い投手はたくさんいますが、ストライクが入らなければ一軍で安定した成績を残せません。

「えっ、こんなストレートが遅いのに一軍で勝利を重ねている」

プロの世界では、そのような投手が今も過去もたくさんいます。速球を投げる投手は、どうしても目立つので注目を浴びます。

未だに指導者でも「ストレートが速いのがよい投手」という見方をする人がいます。野球という競技は、相手よりも得点の多い方が勝ちです。つまり、相手よりも失点が少ない方が勝つのです。
球が遅い投手は「速い球を投げたい」と言います。ある程度速い球を投げられる投手は「もっと速い球を投げたい」と言います。

派手さを求めてコントロールを失うよりも、勝てる（打者を抑えられる）投手を目指して欲しいです。まずは自分の身体を見直し、投球フォームを研究して安定したリリースを定着させましょう。

〈投手〉考え方 ② タイミングを外す投球術

投手はスピード競争ではなく、打者をアウトに取るのが役割です。スピードガンのある球場で、1球ごと自分が投げた球のスピードを確認しているようでは打者に集中していません。

スピードは打者をアウトに取るひとつの条件に過ぎないと言いましたが、打者が結果を出すためのキーワードは「タイミング」です。タイミングを外せば、打者をアウトにする確率が高くなります。

相手打線にスコンスコン打たれているときは、タイミングが合わされています。同じリズムで投げて凡打を重ねているときに変える必要はありませんが、打たれているときは投手のリズムを微妙に変える必要があります。

例えば、クイックモーションを入れて**「間合い」を外す**のもよいでしょう。相手打者の打ち方に間がない（トップが浅い、急トップ、二段トップ）場合は、クイックで投げるとスウェイする可能性が高くなります。スウェイするとストレートに対して差し込まれたり、変化球に対して泳いだりします。

投球動作のスピードをクイックで変えるのもよいですが、セットタイムを変化させる方法もあります。セットポジションで、長く持って相手をじらしたり、すぐに投球動作に入ったり「持ち時間」をランダムにします。

球種でタイミングを外すこともできます。あまり球速の差がない組み立てをすると、打者はタイミングが少しずれてもついていくことができます。球速に差がある変化球を使うことで（緩急）、タイミングを外すこともできます。球の緩急にクイックと持ち時間をミックスして使えば効果絶大です。

タイミングを合わせるのが難しい投げ方をする投手がいます。身体の幅で腕を回して、球の出所が分かりづらい投手です。捕手（打者）からみて、背中側に球が見えるような腕の軌道では、打者にタイミングを合わせられます。身体の幅で隠しながら腕を回して投げる投手は、球速に関わらず合わせるのは難しいです。

タイミングを外す様々な手段があります。打者を出塁させても、ピンチを招いたとしても、最後は得点させなければよいのです。

投手は、格好よくアウトを取ろうとしているように見えます。三振をとれば気持ちよいと思いますが、最低３球投げないと三振は成立しません。打たせて取れば、1球で終わることもあります。球数制限がある今の野球は、「球数を少なくする」ことを意識しないと勝ち上がれません。

どうしたらタイミングを外せるのか
どうすれば打たせて取れるのか

コントロールが不安定でもタイミングを外すことができれば、ど真ん中の甘い球でもアウトに取ることができます。試合になれば、投手は悪いなりにまとめなくてはいけません。アウトに取る様々な方法を持っていると、「こういうときにはこうする」とマウンド上で落ち着いて投げることができます。

〈投手〉考え方 ③ 野手投手は変則で

人数が少ないチーム、人数がいても投手が手薄な場合、野手が登板することもあります。野手投手は、専門的に投球練習やトレーニングをしているわけではありません。野手なので、打撃や守備の練習に時間がとられます。たまにブルペンで投げて、バッティングピッチャーで投げる程度。それでも練習試合でいきなり登板することもあるでしょう。

サポートチームの野手投手をみていると、一所懸命に投手をしようとしています。自分が思い描く投手像をイメージして、「投手のように」投げようとします。

あれだけ打撃投手では簡単にストライクを取れていたのに、投手として登板するとボール連発になる野手投手がいます。

「投手になろうとしているのか？」

投手の代役として登板させていますが、「投手になれ」とは言っていません。どんな形でも打者をアウトに取ればよいのです。格好つけずに、ちょっと遊び心が大切です。

「期待してねーよ」

普段から練習していない野手に対して、完璧に抑えて欲しいと指導者は思っていません。１イニングでも２イニングでも抑えてくれればラッキーなのです。任された野手投手が、「ねばならぬ」という思考でガチガチになってボール連発では意味がないのです。

内野手は、ダブルプレーの時に横から素早く投げることがよくあります。野手投手には「上からじゃなく横から投げてみなさい」と指導します。遊び心全開で、下から投げるのもよし、相手打者のタイミングを外すには、普通じゃないほうがよいです。

打撃投手をしているときみたいに、ゆるい感覚でよいのです。通常の投手はコントロール重視で投げますが、野手投手はコントロールがアバウトで問題ありません。真ん中低めに投げ込めばオッケーです。

野手投手で一番ダメなのは、ストライクが入らないことです。四死球連発では意味がありません。連打をくらって失点は想定内です。

ストライク先行
変化球でストライク

この２点ができれば合格です。打者を観察して、たまにクイックを混ぜれば最高です。野手ですから、ちょっとした牽制はお手の物だと思います。送りバントの守備は内野手であればいつもしている動き、何ら問題はありません。二遊間との牽制のタイミングなどは、ちょっとした機会に練習しておけばすぐにコツをつかめます。

投球数制限があり、投手は複数人いなければ試合が成り立たなくなっています。トーナメントでは、投げられる選手がチームに４人から５人いなければ勝ち上がれません。ルール的にも大エースひとりで投げ切って優勝する野球は難しいのです。

ちょっとでも打ちづらい変則野手投手、ストライクが入らなくなれば次の野手投手、ダメなら次の野手投手。野手投手が調子に乗ってスピードに走れば、ストライクが入らなくなります。野手投手は、どうしたらストライクが取れるのか、変化球でストライクを入れるコツを見つけていくことです。

〈投手〉考え方 ④ インコース重視

同じ野球ではありますが、プロとアマチュアでは根本的に考え方を変えなくてはいけません。プロでは技術力を持った選手が一軍で活躍しています。

困ったらアウトコース低め（原点投球）

元プロ野球選手がアマチュア指導をして、プロの考え方をチームに教えてもうまくいかない場合がたくさんあります。前提が違うと、考え方・やるべきことも大きく変わります。

コントロールが不安定なアマチュア投手が、アウトローを理想として練習をするのは分かります。私もアウトローが大事なことは十分承知しています。しかし、どれだけのアマチュア投手がアウトローに投げられるか。そのときの状況でプレッシャーは上下して、いつもできることができなくなるのがアマチュア投手です。

投手に対する私の考え方の基本は、理想を追いながらも現実を直視します。超高校級の投手がいればプロ論も通用しますが、コントロールが不安定な圧倒的多数の投手には通用しません。

そこに投げれば打てない → 甘い球をどう打ち損じさせるか

超高校級は多少甘くなったアウトローでパワー勝負できるでしょうが、普通の投手に対しては甘くなることを想定しながらやり方を考えます。ですから、一般的な投手は、インコースがすべてのカギを握ると考えます。

アバウトでもインコースに突っ込むと、相手打者は強引にスイングして凡打することもあります。インコースに投げてから、アウトコースに投げ込むと甘い球でも打ち損じをすることがあります。

「えっ、こんなど真ん中なのに打ち損じ！」

インコースへ投げ込むことにより、打者の感覚がずれるのを捕手として何度も経験しています。アウトコース一辺倒で配球をしていても、甘くなれば同じ真ん中でもカツンとやられます。

アバウトでもインコースに投げ込めれば、バッテリー有利に勝負を運ぶことができます。問題はインコースに投げ込めるのかです。インコースは、「死球が怖い」「甘くなると長打」などのマイナスイメージを持っています。しかし、そう思っていると、面白いように身体が同じ反応をします。ビビッて手が縮こまり、腕が振れなくなります。

打者視点で考えると、インコースをうまく打ち返すためには高い技術が必要です。インコースは体が開くと差し込まれやすくなります。ファールにすることなくヒットゾーンに運ぶために、グリップ先行でスイングしなければいけないためトップからの切り返しを早くするので難易度は高いです。

「インコースは得意です」

こう言っている打者は、実際に打っているコースはインコースではなく「甘めのインコース」です。普通の立ち位置で構えて、３番ぐらいのコースです。３番が打てる打者でも、２番１番０番となればかなり厳しくなります。体から遠くのコースはバット操作で何とかごまかすことはできますが、体に近い投球はそうはいきません。
打者はタイミングが合わないで差し込まれると、フィールド内に凡打する可能性大です。
インコースに投げ込むためには、恐怖感に勝つことが重要です。相手打者の立ち位置、投げたらスイングするかしないか、引っ張り打者なのか広角打者なのか、相手の情報があれば恐怖感も和らぎます。
ストレートが抜けて死球になりそうなイメージが強ければ、変化球を選択します。右投手が、インコースに投げ込むスライダーを右打者が打ち返すのは難しいです。打者の体を目がけて投げ込めば、死球になることなく曲がってくれます。コースによっては打者が腰を引いたような逃げ方をするでしょう。そこからの～、次、何を投げるかです。
インコースに投げ込んで、またインコースでもよいでしょう。インコースを意識させて次はコースがアバウトでも腕をしっかり振って外へ投げ込む。置きに行けば打たれますが、甘くても腕をしっかり振れば抑えられることもあります。

インコースが必ず登場する物語で勝負！

サポートチームの投手陣には、とにかくインコースが生命線だと伝えます。イメージだけでは投げられるようにならないので、練習のブルペンやシートバッティング、練習試合、各種公式戦でもインコースに投げ込んで、失敗を重ねながら最終的に投げられる投手になってもらいます。
アバウトでもインコースに投げ込める投手になれば、相手打者は打ち損じるようになります。当然、すべて抑えられるわけではありませんが、トータルすると抑える確率は間違いなくアップします。

私のサポートするチームが、なぜ甲子園で２９戦２２勝しているのか。最少失点で切り抜ける術は、固定観念にとらわれない柔軟な発想にあるのです。

インコースは、打者を打ちとるための最強の武器です。

〈投手〉考え方 5 相手目線とメンタル

「投手はメンタルだ」という指導者は多いですが、どうしたらメンタルが強くなるのかを指導してくれる人は少ないです。気持ちを強く持てと言っても、できないから困っているのです。

相手が弱い場合はピンチでもプラス思考で乗り切ることはできます。しかし、相手が強者の場合はマウンドで「大丈夫」と思おうとしてもできません。

本当のピンチで、結果に意識が向けば「嫌な予感」が先行します。切り抜けるという結果を考えられたとしても、ピンチで大事なのは「どう切り抜けるか」です。そのときに考えるべきこと、見ること、意識すること、集中できるかどうか、がピンチを切り抜ける鍵になります。

緊張すると、身体の動きがぎこちなくなりうまくいきません。緊張が強くなれば、そのとき考えるべきことにも意識が向きません。何も考えられない極端な緊張状態になると、プレーが終わってから何をしたのか分からないということもあります。

どんなとき緊張するのでしょうか…。

- **結果を意識したとき（成功・失敗）**
- **しなきゃいけないという消極的考えになったとき**
- **自分のことばかり考えたとき**

頭の中でミスがよぎれば誰でも緊張します。うまくいくイメージをしても相手が強ければ「でもな」とよぎります。成功をイメージすることは結果を意識すると同じなので、「しなければいけない」という考えに近くなります。

しなければいけないという感覚は、思い切った動きにはなりにくく、消極的な要素を含んだ動きになります。自分ばかりに矢印が向けば、余裕がなくなりミスの確率を自分で高めます。
「ピンチでは相手を見なさい」
野球人生の中で言われたことのある選手は多いと思います。自分に矢印を向けるのではなく、ピンチでは相手観察をすることで冷静になることができます。

相手は今何を考えているのだろうか
相手が何をしようとしているのか

チャンスで相手打者は、「ここで決めたい」と力んで心臓がバクバクしているかもしれません。前の試合、同じようなシーンでチャンスを潰したならば、チャンスなのに打者の心の中では「嫌な予感」がしているかもしれません。相手心理を想像すると、自分優位に考えて落ち着きを取り戻し、冷静になることができます。
見る相手は敵だけじゃなく、味方も対象になります。捕手は何を考えているのか、声をかけてくれている内野手の心理状況はどうなのか。
自分以外の選手、ベンチの仲間、スタンドにいる観客、様々なところを見ることで冷静になれた後は、「これから何をするのか」に意識を合わせることです。

「ストレートを狙っているから、タイミングを外して投げよう」
「ちょっと球が浮いているので、軸足にじっくりためてから、お尻先行で投げよう」
「変化球を投げるときに開きが早いので、膝の内側を意識して体重移動しよう」

今、自分が意識するべきことに集中することで、体の動きがスムーズになり持っている力が発揮されます。

- **どこを見るのか**
- **何をするのか**
- **何に集中するのか**

投手はボール球を連発、連打されると我を忘れます。坂道を転げ落ちるようにピンチを広げて大量失点します。

使えないプラス思考をやめて、現実的に切り抜ける考え方をした方が最少失点で済むのです。

〈投手〉やり方 1 フォーム固定

毎球同じフォーム（リズム）で投げるのが理想です。投球動作を3つに分けて考えるとよいでしょう。

① 足を上げるまで（ためる動作）
② 体重移動をして着地するまで
③ 着地してからリリースするまで

球を投げるだけが、投手の練習ではありません。家練では、動いてから足が着地するまでの動きを繰り返し何度も行います。タオルを振るシャドーピッチングもよいのですが、チーム練習後の家練は疲労回復を考えると腕・肩を休めることが大事です。

ストレートと変化球の投げ方（リズム）に違いがある投手もいますが、投球フォームはどの球種でも同じが理想です。スマホなどで撮影して、ストレートを意識した動作と変化球を意識した動作が同じかチェックします。自分では同じつもりでも、映像で客観的に見れば気がつくこともあります。

足を上げたとき力を軸足にためて、その力を分散することなく着地まで体重移動をするイメージです。最初に軸足に力をためることができるかどうかが重要です。

体重移動では、頭から突っ込むと腕が遅れて思うようにリリースできません。ためてからの体重移動するときに、突っ込まないように、足から、お尻からいくような意識で途中まで我慢します。自分で制御できない領域まで体重移動したら、後は打者に向かって力を放出しつつ着地します。この動きを何度も繰り返しながら固めていきます。

基本的な自分のリズムを、球を投げずに家練では作っていくのです。

通常のフォームを固める練習を中心に、クイックモーションの練習もしましょう。クイックも同じで、走者をイメージしながらセットをして着地まで行います。クイックは、セットの足幅が広い投手と狭い投手がいますが、自分にあった投げ方をみつけます。

投球動作を始めてから捕手のミットに届くまでの時間を、クイックタイムといいます。クイックタイムの基本は、マウンドからホームまで18.44メートルの距離であれば1.20秒以内が基準になります。ブルペンなどで動き出してから捕手がとるまでタイムを計ってみると、自分のクイックタイムが分かります。

チーム練習で、誰かに計ってもらいながら「どうしたら1.20秒以内で投げられるか」自分なりのコツを見つけたいところです。足の使い方、体重移動でどこを意識するのか、しっくりくるような投げ方を見つけることです。家練でタイムは計れませんが、動作を部分的に切り出して着地までの動きを反復してフォーム固定します。

クイックも通常フォームと同じで、頭が打者寄りに突っ込み過ぎるとリリースがうまくいきません。クイック投法は、早いだけでコントロールが不安定では意味がありません。走者に盗塁をさせないようにしながらも、あくまで打者と勝負します。

クイック投法は無駄な動きをしなくなるので、球速が増してコントロールが安定する投手もいます。クイックが得意になれば、走者を背負っても安心して打者と対戦できます。1.20秒以内のクイックをしつつ、走者がスタートを切れば「あとは捕手に任せる」でよいのです。盗塁を許すと捕手の責任だと周囲は思いますが、捕手がよくても投手のクイックタイムが遅いと刺せません。

走者にスタートを切らせないような工夫をしつつ、早いクイックを習得しましょう。

通常フォーム
クイックモーション

家練では着地までの動きを、フォーム固定させるために行います。着地までの動きが安定すると、自分が思ったところに投げられるようになります。球が速くなくても制球力を身につければ、強いチームとも互角の勝負ができます。

〈投手〉やり方 ② 状況設定シャドーピッチング

投手の家練は、フォーム固定が重要です。フォーム固定は安定した投球をするために絶対必要です。感覚だけで投げている選手は、調子が悪くなれば「どうしたらいいのか」分からなくなります。

自分はここを意識したらうまくいく

悪いときにも修正できるようなコツ（目安）をフォーム固定練習で見つけておくことが大事です。感覚だけじゃなく、言語化しておくとマウンド上でも修正が可能になります。

基本的な動作が同じリズムでできるようになれば、次に試合感覚を入れながらも安定したフォームで投げられるかの練習です。フォーム固定は、投手の基本になりますが、それだけでは試合で活躍できません。試合のシミュレーションをして、どんな状況でも慌てないように家練で準備をします。

相手観察をして状況に合わせて、自分のベストな投球ができるようになりましょう。

シャドーピッチングはタオルを振るのが一般的です。何となく振るのではなく、試合感覚を持って細かい設定をします。

まずは、左・右打者を決めます。安打系と一発系に分けて考えます。安打系打者は、ヒットゾーンが広いと考えます。一発系打者は、ヒットゾーンは狭いけど甘くなれば長打になるようなイメージでよいと思います。一発系を怖がる投手は多いですが、打てないゾーンが広くて荒いスイングの打者も多いので、ビビる必要はありません。打てないゾーンに、しっかりと投げ込めば怪我はしないのです。

打者タイプと打順も決めましょう。打順を設定することでより打者タイプが明確にイメージできるようになります。安打系は1番、一発系は4番でよいでしょう。

状況設定では、自分が心揺れ動くような場面、いつもうまくいかない場面などを想定します。

●状況設定5パターン

・二死走者なし
・二死二塁
・一死満塁
・一死一塁
・無死一塁（無死一二塁）

<二死走者なし>

二死走者なしから崩れる投手はたくさんいます。あとひとつでチェンジという油断が、心と身体のゆるみにつながっていきます。二死まで完璧でも、甘い球で痛打、四死球などで大量失点になることもあります。

試合の流れを考えると、3人で終わるのと、二死からピンチになって何とか抑えるのでは大違いです。味方の選手もメンタル的に疲弊していきます。チーム的にも、2人で二死が取れたならば3人で終わらせることが、攻撃に良い影響を与えます。

<二死二塁>

自分有利という感覚ではなく一段ギアを上げるような感覚、もしくは相手観察を2倍にして慎重かつ大胆に攻めるような意識でやります。

強者との試合で、チームの勝敗を決めるのは二死二塁です。ここで打たれるか抑えるかで、状況は一変します。家練では、二死二塁でのシャドーをしっかりとやって欲しいです。

<一死満塁>

一死満塁で、投手としてやりたいことは三振ではなくダブルプレーです。ゴロを打たせたい絶好の場面です。ゴロを打たせるイメージでシャドーをします。左右打者、安打一発系など、状況だけじゃなく打者設定をして緊張感を出します。緊迫感のない、緊張感のない家練ではいけません。しっかりとイメージをしてシャドーをしましょう。

<一死一塁>

盗塁のスタートを切らせないように、牽制・クイックを混ぜながらダブルプレー狙いでシャドーをします。セットに入ってから動き出す時間も、バラバラにして行います。長く持つ、短く持つ動作をミックスしながらクイック投球をします。

<無死一塁>

送りバントが想定される状況です。送りバントはほとんどのチームは、ストレートを狙って変化についていく対応打ちバントです。投手は、バントをやらせてから打球処理でアウトにするという考え方は危険です。

ストライクを取りに行けば、投球フォームがゆるんでコントロールできない経験をしたことのある投手は多いはずです。ゆるむと大抵はストレートが高めに抜けて、最悪は四球で玉突き進塁をさせることになります。

バントの状況であっても、投手はいつもどおりしっかりと投げ込むのが正解です。バントの確率が高い状況でも、バスターや普通に打ってくる可能性もあります。バントと見せかけて棒球にさせて打つという戦略もあるので、どんなバント状況でも投手は変わらずに「投げ込む」べきです。

チームサポートで、ブルペンでアドバイスをするときに、「入り」と「終わり」の話をします。投手が試合で気をつけないといけないのは、初球の入り方と追い込んでからの終わらせ方です。

ブルペンでは練習のための練習をしているチームがほとんどです。アウトコースに10球、そしてインコースに10球、次に変化球、何となく次にこの球…というように試合という感覚じゃないブルペン投球をしています。

試合では打者が立たない状況で投げることはありません。試合感覚を軽視しているチームは、ブルペンで打者を立たせません。

私の考え方は、練習でしかしない練習をやめて、すべての練習を試合のようにすることです。

ブルペンでは、必ず打者を立たせます。立ち投げで肩はできているので、捕手を座らせてからは試合モードです。試合のイニング間では、3～4球のウォームアップがあるので数球のアイドリングはよいとは思いますが、捕手を座らせての投球は基本試合モードです。

入りの練習（初球）
終わりの練習（2ストライク）

設定する相手打者によって球種は変わりますが、打順（安打一発系）、状況（アウトカウント・走者）を決めてシャドーをします。家練では、「今日は入りの練習を徹底的に行う」というやり方でもよいでしょう。たくさんのことを一度にやると、「これ」という意識やコツがつかめないので集中特化して行うやり方がよいです。

入り・終わりのカウント設定以外で、投手不利と思われている２つのカウントを練習します。

投手不利のカウント

・０－３

・０－２

試合でボール先行になったとき、踏ん張れるかどうかは大事です。相手打者は甘めのストレートを狙っています。家練では、その状況で、どの球種を選択して、どこに投げるのかをやります。自分と相手の力量を考えての選択になりますが、私の著書『考える野球』の38格言（95ページ）に決断をするヒントが書かれています。相手心理を読んだ選択をするためにも、参考にして欲しいと思います。

グリーン野球（※注６）**で重要なのは、「相手を観察する」**ことです。自分有利にすすめるためには、相手のしたいことを想像します。自分が有利ならばそのまま表で行ったり、自分が不利ならば裏で行ったりします。相手を観察して考えることで精神的に冷静になり、自分の動きがスムーズになります。

相手打者が狙っている球を、あえてずらすようなイメージで投げる。狙っていない球を投げ込む練習もしておきます。大抵の打者は、ストレートに狙いを定めて甘い変化球に対応する打ち方をしているので、きっちりと投げ込めば凡打の確率が高くなります。

状況を細かく設定することで、より試合に近いイメージでシャドーピンチングができます。家練だけではなく、チーム練習のブルペンでも試合感覚の投球をしたいものです。

屋外でやるのであれば、電信柱などを打者に見立ててやるのもよいです。家の中で行うのであれば、壁やドアを打者にして行うようにしましょう。インコースに投げ込むにはターゲットが必要です。打者のここから曲げるとか、イメージを膨らませて腕を振るということが大事です。

フォーム固定では、スマホなどで撮影したものを見ながら修正してイメージに近づけていきますが､状況設定練習でも同じです。試合を意識しても自分のイメージ通りのフォームになっているか確認しながらやって欲しいと思います。

〈投手〉やり方 ❸ 打球処理

投手は、投げるだけではありません。投げてからは投手も守備の一員です。家練では打球処理練習として２つの動きをやります。これには動ける空間が必要なので屋外での練習になります。

① ダブルプレー

ダブルプレーの状況で、ピッチャーゴロを打たせたのに暴投をしていたのでは試合になりません。自分が投げやすいゴロを打者が打ってくれるわけではないので、正面のゴロ、左右のレア打球に反応して体勢を崩しながらの守備、この両方をします。

小手先で投げると球をコントロールできないので、捕球後、素早くターンして軸足を強く踏んで、投げる方向に真っ直ぐステップすることが大事です。体勢を崩しても軸足を中心としたスローイングが求められます。様々な打球を想定して処理練習をしてください。

試合では最初から野手がセカンドベースにいるわけではないので、内野手が動きながらベースに入るのをイメージし、逆リードにならないよう野手が投げやすい方向に腕を振りましょう。

満塁でホームゲッツーを暴投しているようでは勝てません。簡単なプレーですがまったく練習をしていないと、いざその場面になれば慌ててミスをする可能性もあります。よって、無死満塁でピッチャーゴロは少ないかもしれませんが、家練では数が少ない場面も練習します。

② バント処理

二塁、三塁に投げる送りバント、一塁に投げるセーフティーバントを家練では行います。打球に対して勢いよく詰め寄って、捕球後、素早くターンして投げます。送りバントで、打球が来るのを待つ捕り方を､引きどりと言います。打球は転がってきますが、待ち過ぎるといろいろなミスも起きます。例えば、待ったがゆえにちょっと打球が跳ねてジャックルしたとか、投げる方向を捕る前に見てしまいミスをしたなど、引きどりは危険です。

バント処理は、まず攻めて捕ること。投げる方向へ早く向きたい気持ちがあっても、グラブに入る瞬間をしっかり見ることでミスを減らします。

三塁へ暴投する投手が多いので、打球への入り方、ターンの仕方、踏み出しの角度などミスをする要素を減らさないといけません。

上半身が開いた状態で投げると、ひっかかったり、ふかしたりします。小手先のスローイングにならないよう送球方向に足を踏み出すという基本を家練では繰り返し行います。簡単な打球処理から、難しいレア体勢になることもあります。三塁で刺そうとして諦めて一塁送球への切り返す動きもしましょう。転がるところによっては、迷うとセーフになってしまうので最初から一塁へ送球もあります。

セーフティーバントの打球処理は、いいところに決められると絶対にアウトにならないこともあります。軸足の踏ん張り方も、人工芝と土のグラウンドでは違います。セーフティーバント処理で暴投、三塁まで進塁を許すプレーをみることがあります。

切り返し方と正確なスローイングが求められますが､家練で「これ」というコツをつかみましょう。

ダブルプレー、バント打球処理練習では、スタートは打者に投げる動作からです。投げる動作を適当にするのではなく、セットポジションからダブルプレー狙いであれば状況イメージをして低めに投げる意識で腕を振りきってから打球を処理します。バントも同じで、状況設定をしつつ、打球処理まで行うという感じです。

動きだけの練習ではなく、試合感覚を忘れてはいけません

自分有利の打球が飛んできても、ラッキーと思わずに「攻めた感覚でやるべきことに集中する」ことでゆるみを抑えます。プレーが成立した後に「よし」と思えばよいのです。心がぶれないように、家練では繰り返しイメージをしながら行います。

〈投手〉やり方 4 上級編

絶好調のときに大会があればよいのですが、本番はイマイチな調子で投げることもあります。ブルペンで「いける」と状態がよくても、いざマウンドに立つと思うようにいかないときもあります。

アマチュアは一発勝負なので、試合に負ければ終わりです。どんなに悪くても最少失点に抑えて勝たなくてはいけません。自分の調子がイマイチで、いつもより慎重になって好投するパターンもあれば、マイナス感情でどうすることもできずに坂道を転落するような投球をすることもあります。

悪いなりにも抑えるのが一線級投手であり、「お前に任せた」と言われるエース投手です。

誰でもよいイメージを持ってマウンドに立ちますが、悪かったときに慌てずにどう修正するか、違う道具（武器）を自分の引き出しから出して戦えるかです。

「もし○○だったら」という質問を、サポートチームには投げかけます。たくさんの引き出しを持つことによって、悪いなりに投げることは可能になります。

・コントロールが悪かったら、どうする？
・変化球が入らない、どうする？
・ストレートが浮きまくる、どうする？
・インコースに投げ込んでも打者が当たりにくる、どうする？
・相手が走ってくる、どうする？
・球審のストライクゾーンが狭い、どうする？
・せっかく打ち取ったのに味方が失策連発、どうする？

・相手スタンドの応援が強烈だ、どうする？

様々な想定をして、「そうなったらこうする」という引き出しがいくつあるかが大事です。その状況を修正するために意識すること、何を気にしてどう動かすのか。やり方を変える場合は、何に変えるのか。

球審のストライクゾーンが狭ければ、「何で取ってくれない？」とイライラしても何も変わりません。不満な態度を取れば、もっと狭くなる可能性もあります。コースがうまく使えない場合は、緩急を中心とした攻め方に変えるなど、軌道修正しなければいけません。

一番ダメなのは、マウンド上で動揺することです。

それがだめならこれ
こうなっているなら、これで修正

できるできないは別として、引き出しをたくさん持っていれば心を揺らすことなく切り抜けられるかもしれません。**マウンド上で修正できる投手は一線級です。**球が速い、変化球が凄いから一線級なのではなく、悪いなりに修正して試合を作れる投手が一線級なのです。

頭の整理は、チーム練習では難しい。ミーティングを大事にするチームには考える時間もあるでしょうが、話し合うよりも技術練習をたくさんしようと考えている指導者は多いです。考えないで練習をしても、試合で力を発揮することは難しいでしょう。想定外をなくすることで、いろいろな状況に対応することができます。

『考える打撃ノート』には、経験を次に生かすために書くシートがあります。ミスや成功を、次につなげるために書きます。それが新しい引き出しになり、次に同じような状況になったとき「これ」を意識してプレーするとよいのです（『考える打撃ノート』20ページ参照）

家練では、動くだけじゃなく考えることも大事です。

投手やり方　まとめ

● フォーム固定（ためる　→　体重移動　→　リリース）

① 通常フォーム

② クイックモーション

● シャドーピッチング

① 打者タイプ・打順　（一発系・安打系）

② 状況設定　　　　（二死走者なし・二死二塁・一死満塁、一死一塁・無死一塁（無死一二塁））

③ カウント設定　　（入り・終わり・0－3、0－2）

④ 投げ方設定　　　（クイック・ノーマル・牽制）

⑤ 球種設定　　　　（ストレート・変化球）

⑥ コース、高さ

● 打球処理

① ダブルプレー　（二塁送球・ホーム送球）

② バント　　　　（一塁送球・二塁送球・三塁送球）

捕手

小学生のときから捕手をやってきたので、捕手についてはこだわりが強くあります。好投手をリードするのは誰でもできます。投手がよければ捕手は何もしなくても、抑えられます。

捕手の真価は、二線級投手、もしくは一線級でも調子が悪いときにどうリードするかです。イマイチの状態を、どのようにして勝利に導くのか。捕手によって防げる失点はあります。相手打者の観察はもちろんのこと、投手観察も大事です。両方をみる視野の広さが求められます。

「うちの捕手、ダメなんです」

肩が弱いだけで評価が低い指導者もいれば、打たれてから解説者のように後出しジャンケンで「あの球を何で投げさせるのよ」と言う指導者もいます。捕手を育てられない指導者が多いですが捕手こそ失敗を重ねながら成長していけるポジションです。

守備の司令塔である捕手がよければ、ディフェンスは安定します。

捕手の家練は、複雑な動きはしません。動きと同じくらい、考え方や仲間とのコミュニケーションが重要になるポジションです。まずは、私の考え方を理解してから家練をして欲しいと思います。

〈捕手〉考え方 ① 頭に入れる

考える順番は、まず相手です。

勝てないチーム、うまくいかない選手は自分のことから考え始めます。最初に相手のことを考えて、次に自分たちがどうすればよいのかを考えます。考える一歩目を間違えると、やるべきことが大きく変わるので考え方の順番は重要です。

「どう配球しますか？」

選手からシンプルな質問を受けますが、状況が分からない状態で答えることはできません。

どこをみるのか

大会であれば、２回戦以降なら相手の情報を知ることができます。対戦経験がなく１回戦で当たった場合は、試合をしながら相手を把握する必要があります。前半はこうかなと断定しつつ配球しても、中盤以降は修正が求められることでしょう。

ベストな配球をするために、どういった情報が必要なのか。

相手打者がどこに立っているのかの立ち位置、スイングの軌道はドアスイングなのかインサイドアウトなのか、追い込まれる前は対応打ちか狙い打ちか、インコースに投げると振ってくるかどうか、ひっぱりなのか広角に打てるのか。

トップの形でどういう球種が得意か苦手か分かるので、打撃フォームも把握します。

スタンドでチームの偵察隊が、飛球方向を書いているシーンを見ますがそんなものは結果論だけで使えない情報です。私がチームサポートするときには、打ち方をメインに打者把握します。これ重要なポイントです。見方が分からなければできませんが、私の経験から編み出した方程式にはめ込んで打者を把握します。

配球は、相手情報を把握しつつ、味方の状態を加味して決断します。捕手に観察力がないという指導者もいますが、見方を教えてないだけです。どこを見るのかを理解して、情報を頭に入れて判断決断をします。記憶力は大事ですが、苦手な捕手はベンチから打者情報をサインで送ってもらうとよいでしょう。

根拠もなしに何となく配球するのは危険すぎます。ベストの配球を投手がしてくれるかどうかは投げてみないと分かりませんが、選択の段階で曖昧であればマイナスの結果が出れば後悔の念を引きずります。

情報はあくまでも情報ですが、自分たちが余裕を持ちながらプレーするためには大事なものになります。トーナメントを勝ち上がり、強者相手に勝利するためには情報を軽く見てはいけません。

〈捕手〉考え方 ② 基本的技術

一番気になるのはスローイングだと思います。遠投では投げられるのに、盗塁の送球となれば不安定になる捕手は多いです。

座った状態から低い姿勢で投げるという動作を反復練習して形を身につけますが、セカンドベース手前で失速して垂れるような送球をする原因は、突っ込みが多いです。単純に肩が弱い以外は、送球フォームに問題があります。

投手が足を上げて軸足に力をためて、体重移動するときに頭が突っ込み状態でスウェイすると腕が遅れて振りきれません。捕手も同じで、捕球して上体（頭）が突っ込んでしまうと腕が振れなく送球が安定しません。早く投げたい気持ちは分かりますが、急ぎながらも突っ込まないフォームにするのです。

スウェイしてリリースが不安定になる場合と、バックステップ送球でばらつく捕手もいます。捕球してステップするときに、後ろに軸足を引いて投げることをバックステップと言います。プロの捕手は肩が強いのでバックステップをしても、矢のような送球が投げられます。

強肩じゃない限りアマチュア捕手は、構えているつま先より1センチでも前に軸足をステップすることで、投げる方向へ力が伝わりやすくなります。前ステップは、構え方が後傾しているとできません。つま先にテンションがかかっている前傾姿勢で構えると、軸足が前に運びやすくなります。

すぐに耳の横に球を持ってくるような投げ方は、肩が弱いと強い球は投げられません。投手のように腕を大きく回す時間はありませんが、コンパクトに短い時間でも腕（肩）を回すような動作を入れると、持っている肩の強さを生かせます。

早い動きでフォームを習得することは難しい。これは打撃スイングでも同じですが、まだまだ形が定まっていない捕手は、スローモーションでの練習がよいです。ゆっくり動かしながら正しい形をチェックします。ゆっくりやりながら、徐々に早くしていくことで習得のスピードは高まります。

早く投げてもコントロールが不安定では、盗塁を刺すことはできません。肩が弱いのなら、リリースまでの時間を早くすること。**スローイングで大事なのはコントロールです。**私が社会人野球の現役時代、若い頃は強肩でしたが、引退前は年齢とともに弱くなりました。しかし、山なり送球でも捕球してからの動きが俊敏だったので盗塁を許しませんでした。

強肩捕手は確かに目立ちますが、別に強肩選手権に出るわけではないので盗塁を許さなければよいのです。チームとして考えると、捕手が弱くても投手のクイックタイムを縮めればよいのです。

スローイングも大事なのですが、キャッチングはもっと重要視しています。ワンバウンド投球を止めることもキャッチングに入れて考えますが、ストップに自信がないと三塁走者がいる場合の配球が変わります。

キャッチングがうまければ球審との勝負にも勝てるし、投手から信頼を得ることもできます。キャッチングが下手よりも、うまい方が投手は気持ちよく投げられます。

ストライクゾーンぎりぎりのボールをミットを動かしてストライクにしようとする捕手は多いですが、審判は真後ろで見ています。うまい球審は、「動かしたらボール」と判定をする人もいます。よかれと思ってやっている動きが、マイナスに作用しています。

「捕手はボールだからミットを動かす」とプロの審判に聞いたことがありますが、その通りだと思います。自分目線で考えるだけじゃなく、相手目線で物事を考えるとうまくいくヒントがあります。私が現役のときは、ミットをストライクゾーンに動かすのではなく「その場で止める」ということを徹底して行っていました。
パーン！　と良い音を鳴らした方が、球審のミスジャッジも誘えます。音を鳴らすコツは、力の抜き具合と目線にあります。一度コツをつかめば、ちょっと流れたカット系の投球も音を鳴らして捕球することができます。捕手は投手との信頼関係が大事です。キャッチングひとつで信頼を勝ち取ることも可能です。

〈捕手〉考え方 ③ 責任感

捕手は守備陣の司令塔ですから、打たれると捕手が叱られ、好投すれば捕手のリードよりも投げた投手が褒められます。昔から、捕手というポジションは「割に合わない」と言われます。私は小学４年生から捕手をしましたが、こんなにやりがいのあるポジションはないと思います。

自分次第で、チームを勝利に導く
可能性が大きくあるポジションが捕手です

相手情報を頭に入れることが大事だと書きましたが、現役時代は情報を頭の中に叩き込むために何度もビデオを見返しました。大会中は、勝ち進むと身体を休ませることも大事ですが、次の対戦相手の情報をインプットする方を重視していました。

強いチームに対して、どんな打者がいるか分からなければ不安が先行します。何を投げても打たれるような気がすれば、サインも自信がないまま投手に出してしまいます。過去の経験で、好打者でも苦手なところが必ずあることを私は知っています。

相手の穴を知っていると、相手がどんなに強くても冷静にプレーできます。

捕手は、投手に対して自分の意図を伝わるようにしなければいけません。高校野球は捕手一人なら何度でもマウンドに行って投手との会話が許されています。ベース前で大きな動作で「して欲しいこと」を表現して、大きな声を出すこともできます。

「その声の大きさで伝わるか？　そんな熱意で仲間が動けるのか？」

サポートチームの捕手には、厳く指摘します。ようやく仲間に届くようなスカした声を出して「言っています」ではいけないのです。その場面で必要なことを短い言葉で、伝わるように言わないと意味がありません。

試合中に捕手が、「ツーアウト」などアウトカウントを言っていますが、そんなことはスコアボードをみれば誰でも分かります。

本当に大事なのは、「今から何を意識するのか」を守っている全員で共有することです。意識をしてミスが出れば仕方がありません。でも、意識をしていなくて守備陣がミスをしたのであれば、捕手の責任です。司令塔である捕手は、他を動かすという役割と責任があります。

責任感がある人は、何かあったときに誰かのせいと思わず、自分のせいと考えます。自分さえよければという考え方ではなく、チームみんなで勝利すると考えます。個人プレーに走るような選手は、捕手には向きません。チーム力が自分次第で良くも悪くもなるという意識でプレーして欲しいです。

〈捕手〉考え方 ④ 投手との会話

ブルペンで、「捕っているだけ」という捕手をよく見かけます。ブルペンはお互いの考え方をすり合わせる場所です。ブルペンで試合のようにやることは当たり前ですが、「こうだよな」「これはどう」など投手と積極的に会話をします。

終わってからどうだったと聞くこともよいのですが、投げる前に「今、何を考えている？」など問いかけることも必要です。

試合でも、インコースに投げるサインのときに、１番に投げて打者を仕留めたいのか、もっと厳しい０番に投げて次球の伏線にしたいのか意図はいくつかあります。甘いコースに投げて打たれてから会話すると「えっ」ということがあります。

捕手は、打者が狙っているので厳しいところに投げて欲しい
投手は、狙っていないからストライクを取りにいった

意識のズレがあって打たれると、それ以降お互いがぎくしゃくします。投げられるかどうかは投手の力量もありますが、考えていることが違って打たれるのは一発勝負のアマチュアでは致命的です。

公式戦で、戦略ではなく捕手のサインに首を振っている投手を見ていると、「ブルペンでの会話をしていない」と感じます。試合の中では何度か首振りはあるでしょうが、それが何度にもなれば意思疎通ができていないからだと思います。

試合では、イニング間はベンチで投手と会話をして次につなげます。投手から話をすることもあるでしょうが、捕手から積極的にコミュニケーションをとるようにしましょう。

プルペンで思うような投球ができていないとき、投手は何かを考えています。考えていることがプラスに転じればよいのですが、そうじゃない考えをしているかもしれません。

ちょっとした会話で投手が我に返ることもあるので、まずは「聞いてみる」ことをしましょう。

〈捕手〉やり方 ❶ スローイング

スローモーションで形を固めて、試合感覚では状況設定をして素早く送球の動きをします。走者は、人工芝だと土のグラウンドよりも速く走れます。土のグラウンドで、雨を含んでぬかるんだ状況や、乾いていてもふかふかしていればスピードは上がりません。状況と相手の走力を考えながら、投げ方を選択します。

通常は、前ステップでのスローイング。構えたところから少しでも投げる方向に軸足を動かして投げます。人工芝や、土でも好スタートを切られた場合は、軸足を動かさないノンステップでのスローイングができるようにしたいです。ノンステップは、肩が強い捕手しかできません。一般的には前ステップを繰り返し練習します。

二塁盗塁送球の練習では、左右どちらに打者がいるのか設定します。走者の速さによって、意識することも変わります。速ければ、思い切って素早くを考えます。遅ければ、丁寧に正確にと考えます。どちらの動きにも大差はありませんが、頭の中の意識は変わってきます。

右打者の場合は、打者を気にしないで送球できますが、左打者の場合は投球によっては打者を避けながらのステップになります。

投げやすい体勢でできることもあれば、低めにきて送球しづらい体勢から投げることもあります。

ストライクからの送球
レア体勢からの送球

捕手が送球ミスする確率が高いのは、遅い球のときです。カーブは早く投げたいという意識から球をとりに行って状態が突っ込みやすくなります。体勢が崩れるので送球コントロールが不安定になります。

ストレート捕球してから送球
カーブ（もしくは遅いチェンジアップ）捕球してから送球

送球するときに風の向きは頭に入れておきましょう。投げる方向に追い風の場合は問題ありませんが、逆風の場合はちょっと回転が悪ければ大きく曲がります。逆風では正しい縦回転のスピンをかけたいですが、どうしてもシュート回転になる捕手は曲りを計算に入れて投げます。

左肩を投げる方向にしっかり向ければ横回転にはなりにくいですが、早く投げようと思えば左肩の入りが甘くなり、普段曲がりにくくても曲がることがあります。

様々な状況を設定して送球練習をします。投手と同じようにスマホなどで動画撮影して、フォームは大丈夫か確認しながら修正しましょう。

三塁盗塁送球は、暴投すると失点につながります。三盗を刺せば展開を変えるくらいのビックプレーになります。

左打者の場合はそのまま送球すればよいのですが、問題は右打者のときです。アウトコースの球を、打者の後ろをまわって投げようとするとミスしやすくなります。よって、投球コースによって打者の前、打者の後ろ、両方から投げられるように練習をしておきます。

送球ミスをするときは、軸足の向きに問題があることが多いです。投げる方向に対して軸足を、つねに直角に踏めるようにすることが大事です。素早い動きでも、正しい送球動作が求められます。

レア体勢も含めて様々なパターンで行います。三盗が厳しいタイミングでは、送球が浮けばセーフになります。二塁よりも投げる距離は短いのでよりコントロールが求められ、スライディングしてくるところにストライク送球したいものです。

すべてストライク狙いではミスが起きるので、走者が遅れて余裕があれば通常の高さに投げて、厳しいタイミングだけストライクを狙います。二塁走者のスタートは捕手の視界に入っているので、遅れたか切られたかは感覚で分かるはずです。

低い送球を狙うときに、低めに投げようと状態が突っ込めば逆に高めに浮きます。体の中心軸をキープして、ぶらさずに投げるようなイメージです。家練では実際に投げないので送球の成功不成功は分かりませんが、イメージではストライクを意識しましょう。

盗塁送球じゃなく、走者の飛び出し送球もあります。これは一塁、二塁、三塁、３方向にあり得ます。一塁に送球するときに、左打者の場合はブラインドになるので注意が必要です。無理な体勢から暴投をしては本末転倒です。

投げたがり捕手は、試合のリズムを崩します。自分の肩をアピールしたいのか、刺せないタイミングで投げている捕手はダメだなと思います。

捕手が投げるときは刺すときです。普通の捕手は、走者が飛び出してから「おっ」と思って投げます。このタイミングではアウトになりません。よい捕手は、最初から飛び出すのを狙っています。飛び出したときに「やっぱりね」とロスなく反応して投げることができます。

無死一二塁で送りバント空振りの場合も、よい捕手は空振りを最初から想定、もしくは空振り球を投手に投げさせて狙っています。捕手の動きをみると、狙っているかどうかは分かります。

家練では状況設定して、スローイングの動きをやります。試合感覚で、腕を振るまでできるかどうかです。

〈捕手〉やり方 ❷ ストップ＆スロー

低くてワンバウンドする投球を、後ろに逸らすのは捕手の責任です。どんなに難しいワンバウンドでも、体に当てて止められるような技術力を磨きましょう。

ベース付近はイニングと共に荒れてきますが、気にしない捕手を見ると無神経ぶりに驚きます。変な跳ね方をしないように、ベース付近、打者がいない逆側の土も小まめにならすような配慮が必要です。

ワンバウンドストップの鍵は、**膝の落とし方**にあります。両膝を素早く落とし、ミットで投球を捕りに行かずに体に当てて前に落とすような姿勢をとります。投球に対して右肩を前に出したくなりますが、胸の面が右肩を前に出して斜めにすると、三塁側に跳ねやすくなります。

顎を引いて脱力し、お腹を凹ませて吸収するようなイメージで目の前すぐに落とすのが理想です。顎を上げて胸をはって、力んだ状態では体に当たってから大きく跳ねてしまいます。

ワンバウンドストップ練習は、ストレートなのか変化球なのか、縦に落ちる特殊球なのか決めて行います。止めるだけではなく、跳ねた球を素早く追って捕球し、投げるまでの動きを練習します。

前後左右の４方向に跳ねたことを想定して、走者が進塁、もしくは飛び出して戻った動きをイメージして投げます。無理なレア体勢からの送球は、ノーバウンドじゃなく計算ボール（ワンバウンド送球）でも構いません。高めにふかして２つ進塁させるよりも、低い球（ワンバウンド）の方がリスクは低いです。体勢に応じた送球ができるようにしておきましょう。

〈捕手〉やり方 3 バント処理

バントの状況をイメージして、打球処理をします。送りバントは、まずは走者を刺しにいきます。刺せないタイミングであれば一塁に送球します。投げることに自信がない消極的な捕手は、刺せるタイミングでも投げません。

送りバントを決めさせないプレーは、試合の流れを大きく動かします。相手チームが送りバントを選択したときは、相手にひとつアウトをあげて進塁できると、かなりの確率で考えます。

進塁を想定していたのに、できない状況になれば相手はがっくりします。次打者でダブルプレーという展開も見えてきます。バント処理は、投手もそうですが捕手も**まずは狙う積極性**が必要です。

絶対に無理なタイミングで投げる必要はありませんが、練習試合などでは思い切って投げてみて「このタイミングは無理」「この位はいける」などを経験値として積み重ねて欲しいです。家練では、まずは進塁を阻止する動きを多く練習します。

構えた姿勢から、打球に対して素早く飛び出す。捕る瞬間は左手のミットを添えて、急に立ち上がることなく低い姿勢でコンパクトに送球できるようにします。

送りバントだけじゃなく、三塁方向のセーフティーバント処理も練習します。三塁側の打球に対して、内側にターンするか、外側にターンするかの判断。打球までの距離が短ければ内側にターンする時計回りが基本になりますが、捕るまでの距離が長めの場合は外側にターンする反時計回りを選択する場合もあります。反時計回りでは、完全に目を切るので暴投に注意しましょう。

家練では滅多にないプレーを疎かにすることなく、ミスが出やすいプレーをしておきましょう。

捕手やり方　まとめ

● スローイング（一塁送球・二塁送球・三塁送球）
① 状況設定（風の向き）
② 打者設定（左・右）
③ 体勢設定（ノーマル・レア）
④ 球種設定（ストレート・変化球）

● ストップ&スロー（二塁送球・三塁送球）
① 状況設定（一塁走者・二塁走者）
② 打者設定（左・右）
③ 球種設定（ストレート・変化球）
④ 跳ね方設定

● バント処理（一塁送球・二塁送球・三塁送球）
① 状況設定　（無死セーフティーバント・無死一塁、二塁、一二塁）
② 打球方向設定

内野手・外野手

チームが勝ち上がるために、守備力は重要です。投手が打者を抑えても、野手がバンバン失策をするようでは勝てません。わざとミスをする選手はいませんが、防げるミスは最小限にしたいものです。

野球にミスはつきものですが、公式戦で強者に対してミスをすると負けの確率は高くなります。ミスをしないようにという消極的考え方では体が動きませんが、現実にはミスが致命傷になるのです。

練習や練習試合で同じミスを繰り返している野手がいます。繰り返す選手は「ミスの原因」について考えていません。周囲からの指摘などでミスの原因を知るでしょうが、次の守備機会にそれを意識しているかと思えばしていません。

投手も打者も同じですが、何かを強く意識していればそれに対して身体は反応してくれます。無意識で反応するくらいに身についていることもありますが、意識が弱くてミスをしている場合は強く意識をするべきです。

ミスを減らすためには準備が不可欠です。打球が飛んできてから追うだけではなく、先を読むことでミスを減らせます。バッテリーが何を考えているのか、相手はどんな打者なのかを把握すると予測ができます。

ピンチであれば弱気になり、チャンスでは強気になる。これでは展開に流される選手（チーム）になります。技術力は大事ですが、それ以上にメンタルは重要です。

・外野手

打球に対しての「闘争心」、攻める心なくしてよいプレーはできません。ミスの後に弱気になって、ピンチのときに心の奥底で「俺のところに飛んでくるな」では話になりません。攻めるという強い心がないと、打球に対して一歩目が出ていきません。

心と技術が融合すると、よいプレーが生まれます。

打球処理だけが守備ではなく、内外野ともに打球が飛んで来ないときの準備が大切です。何を考え、どう準備をするのか。緊迫した場面でナイスプレーする秘訣は、相手を考えながら徹底して自分の動作に意識を集中することです。

〈内外野手〉考え方 1 会話

捕手論で会話の大切さを書きましたが、内外野手も守っているときに会話することは大事です。ピンチになると無言になる野手は多いですが、ピンチのときこそ仲間同士で積極的に会話をして意識の統一が重要になります。

内野手は、投手への声掛けが大事。落ち込んでいる、ビビっているようであれば、喝を入れて気持ちが上がるようなやり取りをします。カッカしている、イライラしているようであれば、落ち着くような言葉をかけます。

言葉のかけ方も大事で、「落ち着け」ではなく「深呼吸せよ」など、具体的行動をうながす工夫が必要です。慌てているときに落ち着こうとしてもできないときがあります。思って改善できない投手に対しては、冷静になれるような動きをさせることです。

- **周囲を見させる**
- **深呼吸をさせる**

投手への言葉がけを大事にしつつ、野手間の会話がナイスプレーの鍵となります。ミスをした選手には、次は積極的に動けるような言葉を使います。横にいる野手に対してポジショニングも伝えます。外野のポジショニングは、一人が動けばその他二人も動きます。

次のプレーに対して、何を意識するのか（何に集中するのか）

投手と打者を考えて、様々なことを予測します。予測をして「どうするのか」を野手間で共有します。
「足は速いから、ボテゴロはランニングスローで勝負」
「足が速いから、セーフティーがあるかも、一歩前でいいのではないか」
「レア捕球は、計算ボールを徹底するぞ、軸足で踏ん張れよ」
「グラブに入る瞬間まで、しっかり見るぞ」
「一歩目が早くなるように、リラックスしてつま先体重だ」
内野手のミスは、グラブに入るまで見るということを徹底すれば激減します。小学生から言われている誰にでもできることですが、簡単だからこそ軽くみるものです。**「見る」ことを丁寧に行うことで、ミスは減ります。**

ミスが起きてから「こうだった」と解説者のように指摘するのは簡単ですが、勝つためには**「事が起きる前」**にミスの要因を少なくできるかどうかが大切です。仲間同士、言葉をかけ合って意識を共有することです。技術力が高くなくても、ちょっと先を読みながら準備をするチームはミスが少なく、会話が多いチームは大事な場面で緊張することなくいつものプレーができます。
状況によっては意識の共有だけじゃなく、緊張を和ませるような冗談を言えるくらいの余裕が欲しいものです。相手（仲間）の立場になって、プレッシャーが大きいなと思えば気の利いた言葉を投げかけられる選手が「できるやつ」です。

外野手も内野から離れた位置に守っていますが、守備位置や自分が意識していることを内野に伝えます。内野が腰を引いたような精神状態であれば、外野から鼓舞するような言葉をかけます。
内野がタイムをかけてマウンドに集まれば、外野もセンターに集まって意識を合わせます。気合いや根性だけじゃなく、打者によってどういう打球が飛んできそうか、どう動くのか具体的な話をします。
会話は自分たちの動きをよくして、精神的な余裕を生み出します。
試合で､ベンチの選手たちは大きくてよい声を出しているのに、守っている選手たちが全然声を出さないというシーンを見かけます。無駄な「さー、いこーぜー」という声はいりませんが、そのとき必要なことは相手に伝わるように声に出すべきです。
ベンチから声を出してもらっているからよしではなく、守っている選手同士が確認しなければよいプレーは生まれません。仲間に伝えようとすれば、必然的に声は大きくなります。「言った」だけではダメで、「伝わる」ように出さないと意味がありません。

試合のときだけじゃなく、普段の練習から会話は大切にして欲しいと思います。

〈内外野手〉考え方 ② 一歩目

内外野手ともに、打球に対しての一歩目は重要です。外野手はインパクトから捕球まで時間があるので、走り出してからが勝負というイメージを持っていますが間違いです。外野でうまい選手は、一歩目が早く打球まで一直線に走ります。

守備範囲を広げるためには、一歩目の早さと踏み出す方向の精度を上げることです。プロ野球でうまい内野手を観察すると、ハンドリングがうまいだけじゃなく一歩目の動きがアマチュアと違います。足を使って素早く動いて簡単なところで捕球しているので、ミスが少ないです。

一歩目の精度を高めるためには、相手観察をして予測をします。「ここに飛んでくるかも」という意識があればスムーズに動けます。

攻撃的思考も一歩目をよくします。攻める意識が強ければ、素早く動けます。どんなときでも、自分のところに飛んで来いという積極的な心を持ち続けることで、体の動きは変わるのです。

積極的思考で気をつけたいのは「力み」です。力みは動きを鈍らせます。攻撃的な心を持ちつつ、打者のインパクトのときには力が抜けていなければ動けません。力を抜くために、インパクト前にジャンプ、足をバタバタする、息を吐くなどします。抜けるような動きをすることで、強制的に脱力するのです。

一歩目に徹底してこだわると、今までと考え方が変わります。何となく守っているような感じではなく、何に焦点を合わせて、「どうしようとするのか」集中する守りになります。

野球は考えるスポーツです。何も考えずに球を追いかけるよりも、考えながらできたりできなかったりする野球が楽しくなります。

〈内外野手〉考え方 3 レアに強くなる

守備で、大事なのはアウトに取れるかどうかです。相手は自分に優しい打球を打ってくれません。正面でイージー打球であればミスの確率は低いでしょうが、ちょっと難しい打球のミス率は誰でも高くなります。

レアとは、いつもと違うこと。普通に対して、普通じゃないことを言います。ここでのレアは、簡単な打球ではなく難しい打球です。

簡単な打球を確実にアウトするのは当然ですが、レア捕球に強くなる練習を繰り返すことで全体のミス率を下げましょう。

相手の走力によって守備の難易度は変わります。イージー打球でも走者が速ければ、アグレッシブに動かないといけません。走者が遅ければ、丁寧さや正確さを意識します。**状況によって、野手が意識するテーマは変わります。**

サポートチームには、相手走力を常に意識をして守備練習をするように伝えます。内野手であれば、右打ちか左打ちかによって、打者走者の一塁到達時間は変わります。バットに球が当たってから一塁到達までの時間を設定して、守備練習をします。二塁から１本のヒットでホームまで走者が生還するときにも、第二リードで打者がインパクトしてからホームベース到達までの時間があります。

相手の走力を頭に入れないで、シートノックをしても練習のための練習になります。試合では、打順や足が速い遅いは考えるはずです。

レア体勢での捕球は、逆シングル、ランニングスローなどがあります。外野手がギリギリで追いついた打球を、急いで投げるという場面もあるでしょう。

逆シングル、ランニングスローは軽いプレーだという指導者がいますが、アウトを取るためにやらないとセーフにできない打球があります。展開によっては体で止める方がよいときもありますが、使うべきときに選手は使えるようにしておくことです。

残念ながらミス率が高いレア打球は、練習する機会が圧倒的に少ないのが現状です。指導者は、基礎ができてから応用だと考えますが、同時並行して練習をしておかないと、いつになってもレアに弱いままです。

レア打球こそ、最後まで見ないとうまくいきません。レア捕球を繰り返しやることで、「見る」を大事にするので簡単な打球のミスも減っていきます。

〈内外野手〉考え方 4 頭と軸足

内外野手ともに、捕りミスもありますが送球ミスに悩んでいる選手は多くいます。試合で送球ミスをする選手を指導者が、「キャッチボールからしっかりやっていないから」と言いますがその言葉だけで送球ミスは減りません。

ミスの要因によって意識することは変わります。熱が出ていれば解熱剤を飲みます。お腹が痛ければ胃薬を飲みます。症状によって、飲む薬は変わります。守備でもミスの本当の原因に気づかなければ、修正することは難しいのです。

一般的に、暴投する野手は軸足に体重が乗っていません。捕球して投げるときに「突っ込んだ状態」になります。頭が投げる方向に先行するので、腕が遅れた状態になり、肘が上がらずに横回転で投球することもあります。横回転になれば、グラブ側の肩が早く開いた状態になりリリースが安定しません。

捕球後のステップは、軸足で強く地面を踏むことが大事です。地面を強く踏もうと思えば、軸足の上に頭があります。打者のトップの形で待つような、膝と頭の関係が大事です。

軸足のつま先の向きが送球方向に対して斜めになっていると、抜けたり、ひっかけたりしやすいです。軸足を投げる方向に対して直角にすることで、グラブ側の肩が送球方向に向きやすくなります。肩の入りが浅いと、体の開きが早くなるのでリリースの不安定さを起こすのです。軸足の向きによって、踏み出す足の方向も変わってきます。インステップ、アウトステップする選手は、軸足のつま先の向きに問題があるかもしれません。

頭が突っ込んでワンバウンド、遠投で投げられる選手でも軸足と頭の位置によって送球力は変わります。

頭の動かし方は、送球だけじゃなく守備範囲にも影響します。打球に対して頭を早く動きたい方向に早く動かすと、体は勝手についていきます。足を動かそう、手を動かそう、素早く動くための様々な意識があると思いますが、身体の中で一番重い頭を動かせば早く動けます。

頭を早く動かして、軸をキープしていきます。動きのスタートは頭先行ですが、送球時には突っ込まないようにするので頭の動かし方が大事です。野手は切り返しの動きもあるので、中心軸が安定するようにしたいですね。

〈内外野手〉考え方 5 カバーリングの心

選手の心が一番よく見えるのは、カバーリングです。味方のミスを最小限にするのがカバーリングです。仲間同士は信用したいですが、守備に関しては信用してはいけません。ミスをするという前提で入るのがカバーリングです。

各チームのカバーリングを見ていると「ゆるい」と感じます。カバーリングは、送球の延長線上に入るだけじゃなく、ラインに入ってどちらにも動ける中腰体勢で待つのが鉄則です。

ラインに入れないような一歩目、適当な中間走で「行けと言われているから仕方がなく行っている」という走り、「どうせミスはしないだろ」という感覚の走りがほとんどです。

球がないところでの動きがカバーリングなので、大抵の指導者はカバーする選手を見ていません。球が逸れてから「おい、入っていないのか」と怒ります。普段から見ていないので、ゆるくなっているカバーリングに気がつきません。

カバーリングは何十回と走っても、ミスが起きてカバーできたほんの数回だけで「よくやったな」と言われます。滅多に起きないことを全力でやる心には、その人が表れます。

滅多に起きないことだから重視しない指導者は多いですが、カバーリングは選手の育成から考えるとかなり重要です。

妥協する心
ま、いいか
そのくらいかな

滅多に報われないことを全力でやり切ることで、様々な力が身につきます。全力疾走という言葉を野球選手はよく使いますが、どの程度「全力」ができているのでしょうか。

・カバーリングで、全力で走る
・攻守交代で、全力で走る
・凡打でも、ベースまで全力で走る
・アウトになってから、ベンチまで全力で走る

カバーリングの走り方は、ゆるくやろうと思えばいくらでも基準を下げられます。やらない理由はたくさん浮かぶでしょう。炎天下で疲れると次のプレーに支障が出る、ラインまで入ると戻るのに時間がかかってリズムが狂うなど、選手は効果や効率を考えて楽になる理由を探します。

カバーリングを「そこまでやるか」のレベルまでやれば、ミスを最小限にするだけでなく、人として強くなります。誰も見ていないようなところでも、自分のやるべきことを頑張れる選手は、大人になってから活躍できる人材になります。

カバーリングは、**最後までやり切る全力の心**で動けるかどうかです。監督がこだわっていないからしない、仲間がやらないから自分もしないではなく、誰がやらなくても自分はできるような人(やる人)になって欲しいです。

〈内外野手〉やり方 1 ノーマル捕球

まずはアウトにできる簡単な打球を、ミスすることなく処理できるようになりましょう。打撃もトップの形が大事ですが、守備でも基本の動きができてこそレアに対応できるようになります。

構えの基本は、内野手はつま先体重、外野手は足の裏全体で体を支えるような意識を持ちます。インパクトで一歩目がスムーズに動くような準備は、それぞれ好みがあるので「自分の動き」を見つけてください。

家練の守備練習は、外で行います。打球に反応して捕球、ステップ、スローイングまでの動きです。ノーマル捕球は簡単な打球をイメージし、打球に対してショートバウンドで捕球できるように体を動かします。

自分がプレッシャーに感じる状況を描きます。内野手であれば、最終回同点、二死満塁をイメージして打球処理をします。捕りミスをすれば終了、暴投でも終わります。プレッシャーをかけたイメージ捕球練習です。

・打球への入り方
・最後まで見る
・軸足の強さ
・送球方向への踏みだし

プレッシャーがかかる場面でも、意識して動けているかの確認です。スマホなどで撮影をしながら、頭の高さや全体的なリズムを修正しながら行いましょう。

走者の速さを設定して、速ければアグレッシブな動き、遅ければ丁寧に正確な動きをします。簡単な打球ほど、余裕を持ちすぎるばかりに上体が起きる選手もいるので、捕球から低い姿勢で投げ切れるかです。

正面打球だけではなく、ちょっと右、ちょっと左で動きながら正面に入るような打球もしましょう。ノーマル捕球なので、基本に忠実な動きを心がけます。打球が簡単だからといって、意識することが変わるようではいけません。どんなに簡単な打球でも、全力でやるべきことをします。

一塁に投げる動きだけじゃなく、ダブルプレーの動きもします。ファーストとサードは捕球をして投げるだけの練習になりますが、セカンドとショートは捕球して投げる練習と送球をもらって投げる練習になります。

ダブルプレー成立には、２人目の守備が重要です。6-4-3であればセカンドの動き、4-6-３であればショートの動きです。２人目が送球しやすいように、いかに投げられるか。よって単純に「その辺に投げる」という感覚で腕を適当に振って終わりではなく、「ここ」とターゲットを決めて腕を振ります。

ダブルプレーで送球をもらってから一塁へ投げる練習は、ベースに入る前の動きから始めます。打った瞬間からイメージして体を動かし、ベースに入って一塁送球する。ショートは走者とかぶらないように、打球と走者の動きを見て左か右にずれて待ちます。セカンドはベースの前に出て捕球して投げるのか、後ろに引いて投げるのか、余裕あるときには走者とかぶらないように、ショート方向に対してベースの右側を左足で踏むような形で待ち、送球はノンステップで投げるというパターンもあります。様々な状況を想定しながら動きましょう。

外野手は、プレッシャーがかかるサヨナラの場面を設定し、捕球してから送球までの動きを行います。捕球時に、遠くへ（カットマンを使わずに一人で）投げるときは軸足前で捕球し、ステップして投げます。

打球へのチャージ
足を合わせて捕球
軸足を強く踏んで送球

遠くに投げるときは、頭が突っ込むと強い球になりません。内野手のように軸足を強く踏んで、体重移動ではしっかりと腕を回して投げます。焦って投げて送球が逸れては、一人で投げる意味がありません。捕手・内野手がタッチしやすいバウンド・高さにコントロールするイメージで腕を振ります。

近くに投げるときは、内野手のように軸足とは逆の足を前にして捕球します。近くに投げるということは、素早い動きが求められます。カットマンを使うときは投げやすい所で、胸の高さをイメージして腕を振ります。

通常の正面ゴロ、フライだけじゃなく、ちょっと右、ちょっと左の打球に対しての動きも行います。打球を追う距離は短くてよいですが、ちょっとチャージして足を合わせるような動きは試合のように行いましょう。

自分の頭でしっかりイメージして、緊張感を持ちながら家練をしましょう。

〈内外野手〉やり方 ❷ レア捕球

チーム練習では、ノーマル捕球が中心になります。ノックで難しい打球を上手に打てる指導者はいますが、試合の打球のようにはいかないものです。

ミスが起きるのは、難しい打球が圧倒的に多いです。レアな打球に対する動きを家練では繰り返し行います。難しい打球に対する体の動かし方を知ると、試合のレア打球に対しても反応しやすくなります。球を使わない練習で、体の動かし方を完璧にしておきましょう。

冒頭にオーケストラの話をしましたが、自分のプレーは家練でできるようになって、チーム練習で試してみましょう。練習の機会が少なく、どう動けばいいのか分からないからできないだけです。動かし方を知って、何度も繰り返せば誰でも習得できます。

周囲から見れば「軽い動き」でも、アウトにするために必要なタイミングでは思い切って、ランニングスローや逆シングル捕球をします。実際に球がきてグラブに入るイメージで、レアな体勢からの送球までを行います。

内野手は、ショートバウンドでの捕球が基本ですが、簡単な打球でショートバウンドに入ろうとしても、うまく合わせられずに難しいハーフバウンドになるときがあります。ですから、ハーフバウンドになってしまったレアなケースの練習もします。ショートバウンドに入ろうとして入れなかった場合は、ちょっとぎこちない捕球になりますがそこからスローイングします。

左右に速い打球が飛んできて、飛びついて捕球して投げるレア捕球もありますが、家練で横っ飛びをするわけにはいかないので、飛ばなくてもギリギリ追いついたレア体勢で投げる練習をします。
レア体勢で捕球をして無理な体勢で投げると、暴投のリスクが高いので、「レアは計算ボール」が好ましいです。計算ボールとは、ワンバウンドで相手に届くように計算して投げることです。チーム練習ではキャッチボールのときに、計算ボールを必ず入れましょう。グラウンドの状態によって跳ね方は変わるので、公式戦の球場でも実際に投げてみて確認する癖をつけましょう。
サード、ショート、セカンドのポジションはランニングスローをする機会もありますが、ボテボテゴロの送球もします。走りながら投げる動作を、何回もすると簡単にできるようになります。自分なりに、走りながら投げるコツをつかんでください。繰り返すうちに「これ」というコツが必ずつかめます。
落とさないでスムーズに投げられるとよいのですが、ジャックルして拾ってからの送球も考えられます。落としてから慌てて投げて暴投をしないように、落としてからスローイングも練習しておきましょう。

・ハーフバウンド捕球
・逆シングル捕球（右側の打球）
・レア捕球（左側の打球）
・ランニングスロー（前の打球）
・落としてから拾って

５パターンのレア状況から、通常ノーバウンドスローイングと計算ボールを投げるイメージで腕を振ります。計算ボールは、どの辺でワンバウンドさせるのかをイメージします。
外野手のレア捕球は、ゴロ、フライの両方をします。ギリギリで追いついた捕球をイメージして、そこから体勢を立て直して送球します。体勢が崩れた状況で、カットマンを使わずに一人で投げるのは現実的ではありません。崩れた姿勢で、強引に一人で投げようとすれば暴投のリスクが高くなります。

カットマンへどのように正確に投げるのか、考えながら自分の形を作りましょう。

悪い体勢から投げるときは、胸の張り方が重要になります。捕球時に上半身が流れるので、猫背のようになり頭が前方に流れます。頭の位置を素早く戻したいので、足の使い方と上半身の起こし、何とか軸足を強く踏みながら投げることです。

外野手の練習はバリエーションが多くありませんが、家練ではその数少ない動作を完璧に行います。外野手が抜かれると、後ろに野手はいません。強豪で外野手が下手なチームは、滅多にありません。外野手の守備力は、試合を左右します。家練では、捕球からの動きを研究しながら、「どうしたら腕が振れるのか」を突き詰めて欲しいです。

〈内外野手〉やり方 ❸ 一歩目練習

内外野ともに一歩目が重要です。一歩目を素早く動かすことで、より捕りやすいところへ入ることができます。うまい選手は、打球への合わせ方がうまいのです。

家練では試合を想定しながら動きますが、野手は「一歩目」の反応練習だけを何度も繰り返しましょう。打者のインパクト時にリラックスできるルーティン（いつもする動き）をして、打球イメージをしながら一歩を出す練習です。

- 状況イメージ
- 脱力構え
- 頭の動き
- クロスして数歩まで

前後左右、すべての方向に反応しスタートします。スタートして数歩でやめますが、必ず動作チェックをします。頭の動かし方、腰を切るスピード、スタートを切った後の軸安定、繰り返し数をこなすのではなく、1回ずつ意識しながら丁寧に行います。

家練では、部分的な動作を切り出して動きます。動作だけではなく、試合をイメージすることを忘れてはいけません。

どこまで状況設定をして、どこまで動くかは自分なりに決めてください。家でやる練習を試合のようにやることで、試合で動ける選手に近づきます。

内・外野手やり方　まとめ

<内野手>

● ノーマル捕球

① 状況設定（オールファースト・ダブルプレー）

② 打球設定（正面・ちょい右・ちょい左）

● レア捕球

① 状況設定（オールファースト・ダブルプレー）

② 打球設定

1　ハーフバウンド

2　逆シングル（左方向）

3　レア（右方向）

4　ランニングスロー

5　落球後、拾ってスロー

<外野手>

● ノーマル捕球

① 状況設定（二塁送球・三塁送球・ホーム送球）

② 打球設定（ゴロ・フライ・前後左右）

③ スローイング設定（カット・一人）

● レア捕球

① 状況設定（二塁送球・三塁送球・ホーム送球）

② 打球設定（ゴロ・フライ・前後左右）

③ カットマンへのスローイング

<内・外野手>

● 一歩目練習（360度方向への動き）

考える野球 2
家練マニュアル

第4章 心と体

心 メンタル強化

体 体力強化

できるイメージを持ち、「プラス思考」でプレーしたいのは分かりますが、実際に試合で相手が強い場合はできないことが多いです。相手が弱ければ何とかイメージすることはできますが、相手次第で自分がコロコロ変わるようでは本番では使えません。

ある意味うわべだけで、思おうとしてもできません。本当の強さは、自分の奥底から「大丈夫」という自信がみなぎるかどうかです。実際にやるべきことをやった選手と、やらないで思おうとするだけの選手は大きく違います。

本当の強さは、波風が立っていないときには分かりません。野球では、絶体絶命のピンチ、致命的なミスをした後、打たなければ負けるという場面など、「ここ」っていうところで動けるかで強さが分かります。

心を強くするという言葉はよく聞きますが、何をすれば強化できるのでしょうか。

厳しい練習を積み重ねると心が強くなるのでしょうか。苦しい千本ノック、ダッシュ百本、心臓が張り裂けそうになるインターバル走、辛いトレーニングをして精神的に強くなることは否定しません。

普段のチーム練習で、「ここまでしなくてもいいのに」と感じることをやり切ることで強くなれるものです。球を使わない野球のトレーニングは、「いじめ？」と思うくらい厳しいです。トレーニングでは、体を鍛えるだけじゃなく精神も鍛えています。

「これは意味がない」「あれはしなくてもいい」、選手は厳しいことに対して効果や効率を考えて不平不満を並べます。しかし、すべてのことにおいて意味のないことはありません。

嫌だと思うことが、心を強くしてくれます。

苦手なこと、大変なこと、厳しいこと、マイナスに思えるすべてのことが自分を高めてくれるのです。

野球のトレーニングなどは、やれば技術が磨かれて動ける体になるので野球につながっています。野球につながるので、我慢してでも頑張ってやろうと歯を食いしばって動くことでしょう。

本当の強さは、野球以外のことで強化することができます。自分が面倒だと思うこと、苦手に感じていることと向き合うことによって強くなります。

メンタル強化 1 勉強

勉強を好きな人もいますが、圧倒的に「苦手」「嫌」と思っている人が多いです。心の強化を考えると、苦手なものに対して向き合うことは大きな効果があります。

平日は、放課後に野球の練習をします。家に帰ったときには疲れもピーク、食事をして風呂に入ってすぐに寝たいと思うことでしょう。帰宅する時間にもよりますが、ちょっとの時間でも勉強をすることは大事です。

野球を生活の中心軸に置いている選手は多いですが、学生は勉強を通して知らないことを学び、我慢力を鍛える期間です。プロ野球選手の平均引退年齢は30歳弱です。引退で人生が終わるのではなく、そこから長い人生が待っています。

プロ野球、社会人野球に進まない限りは、高校野球・大学野球で引退します。引退をして社会に出てからの人生、漢字が書けない、計算ができないのでは苦しみます。

野球が好きでいつまでもやっていたいのは分かりますが、未来を豊かにするために最低限の知識を持つことは大事です。勉強はどんな環境にいようとも、自分がやろうと思えばやれます。

甲子園でプレーをしたことや、全国大会に出場したことは自分なりの勲章だと思いますが、大人になって社会に出れば他人からすると「そうなの」で終わります。大事なのは、野球や勉強を通して自分を鍛えることです。**社会に出て一番必要なのは、「我慢力」です。**自分の好きなことだけに向き合うよりも、したくないことに向き合うことで精神力が鍛えられます。

家練をして技術習得、試合をイメージして本番で活躍できるような土台を作ることは大事なのですが、もっと重要なのはどんなときでも自分の力を「発揮できる強さ（心）」を身につけることです。
練習後は、毎日机に向き合って５分でも10分でも勉強する。今日授業を受けた復習、明日の授業の予習、進学校では「毎日２時間当たり前」という選手もいます。目指すものによって時間が変わると思いますが、自分で時間を決めて、自分の意思で毎日やることによって心は強化されていきます。

「今日はいいか」
「疲れているし」
「明日にまとめてしよう」

妥協する自分の心に、毎日勝てるかどうかです。自分に勝てないような選手が、強敵に勝てるわけがありません。試合でちょっと不利な状況になれば、「無理かな」「仕方がないよね」「よく頑張った」と理由を見つけて諦めることでしょう。
よし！と思い、勉強を始めて３日で辞めてしまうことを三日坊主といいます。継続の秘訣は、毎日同じタイミング、もしくは同じ時間にやることです。空いた時間でやろうではなく、決めて行うことで継続率は上がります。毎日やっていると、「やらないと気持ちが悪い」という感情になります。やらないと気持ちが悪いという状態になれば、自分の中で習慣化されています。
『考える野球ノート』は、毎日自分がしたことを記録するノートですが「家練の内容」「気がついたこと（発見したこと）」「勉強時間」を書くところがあります。毎日、何かに記録することで継続率を高めます。

勉強と向き合う…
自分の心を強くしてくれます

メンタル強化 2 整理整頓

野球選手に部屋がきれいか聞くと、「自信ないです」と言います。保護者からは「片付けなさい」と言われているようです。

片付けを後回しにすると、乱れていきます。乱れているのが当たり前になれば、「ま、いいか」という考え方になります。「ま、いいか」の考え方は、整理整頓以外にも広がっていきます。

「今日の練習はこのぐらいにしよう」
「弱いチームだからこんなものだよね」
「明日がんばろうぜ」

妥協する心が身につくと、いろいろなことに影響していきます。整理整頓を面倒だと思っている人は、選手だけじゃなく大人でも多くいます。面倒だからこそ、向き合うことでメンタルは鍛えられます。

整理整頓は、「ここまでやるか」が基準です。机の上だけを片づけるのではなく、机の引き出しの中、納まればいいと乱雑に押し込むのではなく丁寧に「揃えて」収納します。整理整頓は、見えないところが鍵です。

監督が見ているときは一所懸命にやるけど、監督がいないときには適当にやる。誰かが見ていればやるという心は、裏表があるということです。**二面性があるのは、自分の弱さです。**野球部で整理整頓を大事にしているチームは増えていますが、自宅の部屋が乱れているのは「状況によってコロコロ変わる」ということ。状況や環境によって、自分が右にいったり左にいったりしているようでは、試合展開によってバタバタするのが目に見えます。
目標が明確で、「ここまで行きたい（なりたい）」と心の奥底で思っている人は、周囲がいるいないに関係なく行動します。誰も見ていなくても行動ができる人は、環境に左右されることなく自分を貫くことができます。これが本当の「強さ」です。

整理整頓で見えないところもきれいにすることで、裏表のない人へ一歩近づきます。見えない所だから適当にするのではなく、見えない所だからこそパーフェクトを目指すのです。
細かいところを揃えていくと、「ここも直そうかな」「これを工夫するといいかも」などの気づき力が高まります。野球で結果を残すために必要な「相手観察力」（観る力）などは、野球のときだけじゃなく整理整頓でも強化することが可能なのです。

面倒なこと、大変なこと、嫌なことを全力でやることで精神は鍛えられていきます。

メンタル強化 3 やめる

無駄なことに時間を使って、自分の成長を止めている選手はたくさんいます。時間の使い方が未来を決めていきますが、面白いから、楽しいからと無駄なことをしていると自分の足を引っ張ります。引っ張っていること自体を分かっていない選手は多く、一所懸命に無駄をしています。

例えば、携帯電話のゲーム、こんなものをしている時間は本当に無駄です。すべてのゲームは、自分の足を引っ張ります。学生時代に大事なのは、勉強、野球（スポーツ）、仲間とのコミュニケーションです。

ゲームは時間を決めても、「もうちょっと」と長くなります。帰宅する電車の中でゲームじゃなく、勉強の予習復習、単語のひとつでも覚えたいものです。ゲームをしてゲームの中でレベルが上がっても、自分という人間のレベルは上がりません。

面白くて読むマンガの本、これも無駄な時間です。携帯のSNS、ツイッターやフェイスブック、インスタグラムも学生時代には無駄な時間です。

チーム内で共有しているＬＩＮＥ（ライン）グループでの有意義なやり取りは必要だと思いますが、それ以外のやり取りは無駄な時間です。やりたいことを、やめることでメンタルは強くなります。面白いけど不必要なことを我慢することで、今やるべきことに時間を使えます。

「やるべきことをやっているから、ゲームをしてもよい」

ゲームをする時間があるなら、やるべきことをもっとできるはずです。やめたくない選手は、無駄をやるために自分なりの「やる理由」を見つけて言いますが、何としてでも理由をつけてやめようとしない姿を見ると弱いと思います。

周囲にはやめていると言って、実際にはこそっとやっているような選手はもっと弱いのです。

今必要なことを全力でやることで、自信がついていきます。打ったから、抑えたからという野球の結果で自信を得るのではなく、やるべきことを自分の意思でできた選手がぶれない自分を手にします。主力とか控えとかは、引退をして大人になれば関係ありません。

無駄をやめる

この文章を読んで「でもな」と行動に移さない選手は本当に弱い。野球選手としてプレーできる時間は限られています。引退してから「こうすればよかった」「ああすればよかった」と後悔する選手をこれまでたくさん見てきました。

今まで無駄をしていても、気づいてその日からやめられるかどうかです。**やめることは強さです。**一生やめるのではなく、野球を引退したときに再開すればよいのです。

時間の使い方で、未来は変わります。思っているだけじゃなく、実際に行動することで自分の心を強くしていくことはできるのです。

メンタル強化　まとめ

● 勉強
① 登下校の交通機関では勉強する
② 365 日机に向かう（最低 5 分以上）
③ 予習・復習をする
※ 学力の高い同級生に勉強のやり方を聞く

● 整理整頓
① 玄関のくつをそろえる
② 机の上と引き出しの中をきれいにする
③ 自分の使った食器を洗う
④ 自分で洗濯をする・洗濯物をたたむ
⑤ 翌日の準備を寝る前に済ませる
※誰がみてもきれいな状態を保つ
※使ったものは元に戻す

● やめる
① 携帯ゲームをやめる
② マンガ読むのをやめる
③ ＳＮＳ関係をやめる
※野球をしているうちは我慢する

体 体力強化

体力強化

夏本番になれば、大会を乗り越える体力が必要です。精神的に強くなっても、体が弱ければ安定した動きができません。勝ち進むと、疲労は誰でも蓄積されていきます。モデル体型のような野球選手を見ますが、１回戦は活躍できても、２回戦、３回戦になれば動けません。

強豪チームの選手をみて「すごい体しているな」と感じたことは、何度もあることでしょう。体が大きく強くなれば、できることも増えていきます。たまにできるのでは、安定した結果は残せません。プロであれば「また次」がありますが、アマチュアは一発勝負なので負けたら終わりです。どんな環境でも動ける身体作りをすることで、暑さに負けずパフォーマンスを落とさずに済みます。

チームでは技術練習が中心になります。公立学校であれば、時間は限られています。少ない時間をトレーニングや体力強化に使うチームは少なく、結果的に私学強豪との体力差は広がるばかりです。

家練では、技術向上、メンタル強化について書いてきました。技術とメンタルを生かす体力について考えてみましょう。

体力強化 1 食べる

チームで体重管理をして、体作りをしているチームは多くあります。毎月の目標体重を決めて、毎朝同じ時間に体重計に乗って記録します。

体ができれば、もっとすごい選手になれるのに…。

食べることを軽く考え、適当な食生活を送っている選手がいます。朝はギリギリに起きて食事をする間もなく登校。甘い炭酸水やお菓子を好んで食べて、メインの食事をきっちり食べられない。

大会では、熱中症で足がつって交代。ちょっと厳しい練習をするとついて行けない選手もいます。主力選手が足がつって交代は、チームに大きな迷惑をかけることになります。朝食を食べずに野球をするなんて考えられませんが、意識の低い選手にはよくあることです。

食べることは、疲労回復と、体を大きくする効果があります。「なかなか太らない」と言っている選手は、食べる量に問題があります。体質的に太りづらい人はいますが、食べる量がまだまだという選手の方が圧倒的に多いです。

朝食と間食が体重アップの鍵になりますが、米だけじゃなくタンパク質を多く取ることが大事です。もちろん、単に体重を重くすればよいのではなく、動ける選手として体を大きくできるかどうかが大事です。

朝食をたくさん食べるためには、**「食べる時間」**が必要です。早起きして体を起こしてから食事をしないと量を食べられません。早起きしてボーっとするのではなく、勉強や散歩、ちょっとしたトレーニングを朝に持ってくるのもよいでしょう。

1ヶ月の体重増計画は、1キロから1.5キロぐらいが妥当です。ハードな練習をして動きながらなので、1ヶ月1キロ増でも簡単ではありません。毎日自分の体重を把握して、食べ方が足りているかどうかをチェックしましょう。足りていなければ、1回の摂取量を増やすのか、間食を多くするのか工夫します。

体重増のカギは、本人のやる気です

明確な目標を作り、「絶対にやってやる」という強い気持ちが大事です。保護者が作ってくれる食事を何となく食べるのではなく、自分から保護者に多く食べられるようにお願いをします。周りの協力なくして体重増はできません。

正月や練習ができない期間でも、体重報告など徹底管理しているチームはあります。身体を大きくするということは、誰かに管理されてやることではなく、自分の意思で積極的にやっていくことです。

体力強化 ② 体幹トレーニング

体の中心軸の力がないと、ふにゃふにゃした動きになります。野球は切り返す動きがとても多いスポーツですが、中心軸がしっかりしている選手は動きにキレがあります。

動きながら鍛えるものと、姿勢をキープして鍛える体幹トレーニングがありますが、家練では毎日体幹トレーニングをしてください。チーム練習で時間を割いてできていないと思うので、自宅で種目と回数（時間）を決めてやりましょう。

＜ダンベル、チューブトレーニング、その他＞

自宅にウエイト器具はないですが、ダンベルはあると思います。軽いダンベルで動きの可動域を広げるような種目を家練では行います。軽い負荷で、ゆっくりとした動きをすることで小さな筋肉を鍛えます。投手はチューブトレーニングを毎日行っていると思いますが、野手もチューブを購入してインナーマッスルを強化しましょう。

チーム練習ではパワー系のトレーニング、家練では自重でサーキットトレーニングなどスピード系を中心にして行いましょう。体を強化するトレーニングと、怪我防止の観点で行うトレーニングの両方をします。

投手は、指の力も鍛えたいです。私が以前、アメリカへ野球の勉強に行ったとき、メジャー傘下の３Ａを見てきました。球場内にあるトレーニングルームに数々のトレーニング器具がありましたが、「米つかみ」が印象的でした。バケツぐらいの容器にお米が詰まっていて、投手は、そこに手を入れて米をギュッギュとつかみます。

　何度も行うと手がパンパンになります。投手は投げる以外のトレーニングをする時間は多いですが、走ることを中心に指も鍛えて欲しいと思います。

体力強化 3 柔軟体操

ほとんどの選手たちは、体が硬いという悩みを持っています。『考える野球ノート』にも「柔らかくする」ことの重要性を書いていますが、硬いと故障につながります。選手は強さだけを求めがちですが、柔軟性がない強さは壊れやすいです。

お風呂から上がったときだけするのではなく、1日に何回も柔軟体操をしましょう。回数を多くすると、徐々に柔らかくなっていきます。私がすすめているのは、1日15回の機会をもうけて小まめに行います。

練習のウォーミングアップで柔軟体操・ストレッチをすると思いますが、そのほかにもちょっとした練習種目の合間にも伸ばすことを行います。小まめに時間を見つけて動くような癖をつけます。特別な時間に行うだけじゃなく、ちょっと時間が空けばやるようにします。

学校では、授業の合間の休み時間が10分間あります。お手洗いに行く、水を飲む、次の授業の準備をするなどやることはあるでしょうが、ちょっとの時間でも柔軟体操をしましょう。

野球選手は、肩甲骨、股関節、足首の柔軟性が大事です。それ以外も大事なところはありますが、この3つを重点的に、家練などで柔らかくするように動きましょう。詳しい種目は、ネットでやり方を調べるとか、トレーニングの本を1冊購入するのもよいでしょう。

体力強化　まとめ

● 食べる

① 毎月１～1.5キロ体重増
（身長マイナス100の体重にする）

② 早起きして朝食をたくさん食べる

③ 間食を多くする（１日５～６食）

④ 練習終了後30分以内に間食を入れる

⑤ 体重を毎日計測して『考える野球ノート』に書く

● 体幹トレーニング

① 腹背筋・腹斜筋・腸腰筋を鍛える

② 朝の時間を有効に使う、スキマ時間にやる

● ダンベルトレーニング

① 押す動き、引く動き

② ダンベルがなければ腕立て伏せ、自重トレーニング

③ 洗濯待ちの時間など何かの合間に入れるもよし

● チューブトレーニング

① 腕まわりの筋肉へのアクション

② インナーマッスル強化で怪我防止

③ 米つかみ

● 柔軟体操・ストレッチ

① 肩甲骨、股関節、足首の柔軟性を高める

② 授業間の休み時間、ちょっとした合間にやる

③ １日15回程度やる

おわりに

いかがだったでしょうか。
やるべきことが増えたと思います。本気でやろうとすれば、時間が足りないと感じた人も多いでしょう。

そうです。
無駄なことをしている時間はないのです！

家練を充実させることで、これからの野球が変わるのは間違いありません。今まで自分が練習のための練習をしていたと気がついた人も多いと思います。試合のようにというキーワードで書きましたが、やってみて「もっとこうしようかな」「この感覚も追加しよう」などアレンジする選手も出てくると思います。
一番大事なのは、自分の意思で「うまくなりたい」と行動することです。やらされている野球から、自分で「やる野球」です。

私は、本を何冊も出版していますが「詳しい野球の話し」は控えていました。今回、新型コロナウイルスの影響で、全国の野球選手が活動自粛で自宅にいなければいけない状況になりました。

チーム練習はできないけど、どうしたら成長できるのか…。
レベルを落とさずに、家でうまくなることはできるのか…。

この一冊が、全国の野球選手のバイブルになって、試合で活躍できる助けになればと願います。たくさんの人に読んでもらえるように、周囲の方々へこの本を紹介してください。

指導者も本書を読まれると思いますが、この内容は私の考え方の一部分でしかありません。**もっと踏み込んでグリーン野球、エントモイズムを知りたい指導者の方は、エントモ会にご入会ください。**すべてを知ることができます。今後の野球指導に生かして選手を育成しようとする人が、一人でも多くなればと願います。

これからたくさんの出会いがあることを祈っております。

（※注１） **考える打撃ノート**

好投手攻略に必要な「ノンスウェイ打法」など、打撃フォームの基準が詳しく書かれている。相手心理を考えながら配球の読み方、フリー打撃・マシン打撃、ティー打撃、ロングティー、羽根打ちなどのやり方も知ることができる。

（※注２） **考える野球ＤＶＤ**

トップの位置、肘の使い方、押し込み打球の５球抜きなど、打撃の目安を動画で紹介。どのようにミーティングを行うのか、実際に行ったミーティングを収録してノウハウを公開している。

（※注３） **考える野球**

2007年に発売されたエントモ初著書。勝利・成功に導く76の極意が書かれている。現在のエントモ思考は考える野球が基本になっている。どのように考え、捉えるのかが分かる一冊。

（※注４） **エントモ会**

全国の指導者、保護者が入会している。会員だけ見ることができる考える野球ホームページ、会員限定のライン講座などがある。ライン講座では、選手の動画をエントモに送ると改善点などを詳しく教えてくれる。毎月「エントモの独り言」音声が聞ける。会費は月々五千円。

（※注５） **考える野球ノート**

カレンダー形式のチェック表。勉強時間、自主練習チェック、１週間ごとに目標を決めて書いていく。当たり前の実践の目安、技術の目安なども書かれている。本番で活躍できる選手になるためのノート。

（※注６） **グリーン野球**

グリーンとは、青信号のこと。青信号は進め、ただし、青信号といえども左右を確認して渡らないと危ない。ここでは、自分で状況確認をして自分の意思で進む（動く）ことを「グリーン」と定義している。エントモグリーン攻撃の考え方20箇条は、『考える打撃ノート』２ページ目に書かれている。

遠藤友彦

Tomohiko Endou

1968年　北海道札幌市出身
有限会社ゴーアヘッドジャパン　代表取締役
通称：エントモ

小学四年生から本格的に野球チームに所属し、野球に打ち込む。高校卒業後、NTT北海道に捕手として入部。「考える」という強みを十分発揮し「考える野球」を構築。都市対抗全国大会で四年連続初戦本塁打を達成。現役十六年間の打率は、三割四分一厘、本番に強くスランプのない野球人生をおくる。引退後は、北海道の野球を大きく変えた駒澤大学附属苫小牧高校野球部と深く繋がり、甲子園にて優勝・優勝・準優勝のサポートをする。甲子園では戦略・分析・メンタルの部分で活躍し、"駒苫の知恵袋"と言われた。プロ野球で活躍している田中将大投手も指導した。現在は、全国で考える野球セミナー（野球指導者塾）などの講演会の企画や運営を中心に、社員研修や企業講演、教育関係の講演も手掛ける。
著書に「考える野球」「当たり前基準」「準備力」「野球指導者バイブル」がある。
座右の銘は「流汗悟道」

著書の紹介

野球は心のスポーツだ！
勝利・成功へ導くエントモの 76 の極意。

考える野球
定価 1,429 円（税別）　　2007 年 2 月 1 日発行

ウガンダ国際交流活動を通して生まれた、
日本を救う！未来を豊かにする指針。
それが「当たり前基準」である。

日本を救う !!「当たり前基準」
定価 1,429 円（税別）　　2008 年 5 月 1 日発行

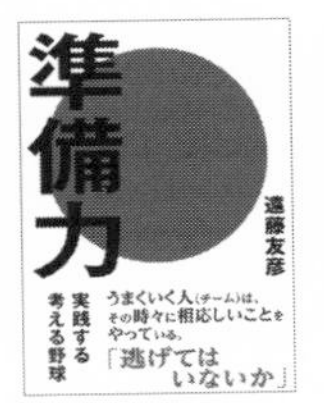

準備なくして物事をスタートすると、
数々の困難に右往左往し自分を保てなくなります。
心を揺らすことなく、安定した状態で歩むためには
用意周到な【準備】が必要なのです。

準備力　実践する考える野球
定価 1,429 円（税別）　　2012 年 5 月 10 日発行

野球指導者に贈る 45 の心得

野球指導者バイブル
定価 1,500 円（税別）　　2016 年 10 月 15 日発行

このノートは市販されておりません。購入を希望される方は、

support@entomo-office.com まで、

ご連絡をお願いします。

選手向けノート

本番で活躍できる選手に
なるためのノートです。

考える野球ノート

A5判　定価 1,000 円（税別）
2013 年 2 月 1 日発行

選手向けノート

試合で結果を残せる最強の打者になる。

考える打撃ノート

A5判　定価 1,000 円（税別）
2019 年 1 月 25 日発行

指導者向けノート

「選手の育成」と「チームの勝利」の
両方を手にする指導者になるためのノートです。

365日の挑戦

A4判上製本　定価 5,500 円（税別）
2016 年 9 月 15 日発行

【 考える野球２ 】

初　刷　2020年 7月20日

第２刷　2020年10月15日

著　者　遠藤友彦

発行者　斉藤隆幸

発行所　エイチエス株式会社　HS Co., LTD.
064-0822 札幌市中央区北２条西20丁目1 - 12佐々木ビル
phone : 011.792.7130　fax : 011.613.3700
e-mail : info@hs-prj.jp　URL : www.hs-prj.jp

印刷・製本　モリモト印刷株式会社

乱丁・落丁はお取替えします。

ISBN978-4-903707-94-5